KB213064

하타요가

※ 이 책은 2003년도에 발행된 하타요가의 개정 증보판입니다.

HATHA YOGA

하타 요가 (개정판)

이태영 지음

여래

이 『하타 요가』 초판이 나온 지 17년이 지났고, 15쇄가 발행되었다. 짧지 않은 기간이다. 세월이 흐르면서 이 초판은 낡은 초가집처럼, 보수할 곳이 늘어났다. 늦은 감이 있으나, 수정하여 새롭게 출판한다.

그러나 개정판이라고해서 하타 요가에 대한 근본 견해가 달라진 것은 아니다. 이 요가를 안 지 40년이 넘는데, 세월이 흐르면서 점점 더 확고해지는 것은 이 하타 요가의 우수성이다. 인간의 심신을 가장 실제적으로 변화시키는 세계 최고의 수행법이기 때문이다.

그러나 아쉬운 점은 초판에서도 밝힌 바처럼, 이 훌륭한 요가가 잘못 전해지고 있다는 것이다. 하타 요가 수행체계는 체위법·호흡법·무드라·명상법인데, 일반인에게 알려진 것은 가장 기초단계인 체위법에 불과하다. 그런데 이 체위법조차도 이상한 미용체조처럼 각양각색으로 변질되고 있다. 더욱이 하타 요가의 핵심 수행인 호흡법과 무드라는 대부분의 요가 선생들조차 모르고 있다. 이러한 실정은 외국도 마찬가지이기는 하다.

이러한 현실이 안타까워 『하타 요가』를 출판하였다. 이 개정판을 내는 심정도 그때의 초심과 다르지 않다. 그래서 이것도 초판과 마찬가지로, 일반인을 위한 하타 요가의 기초인 체위법과 호흡법을 주제로 하였다. 그러나 초판에서 부족했던 생리학적인 설명 등을 보충하고, 하타 요가 수행에 직접 관계가 없는 것들은 삭제하였다.

글을 마치면서 하고 싶은 말이 있다. 하타 요가는 이것이 전부가 아니다. 다음 단계로 무드라와 명상 수행법이 있으며, 그것을 통하여 쿤달리니가 각성되어야 한다. 많은 요가 수행자가 이 경지에 이르기를 기원하는 바이다.

2020년 봄

석산에서 이 태 영

차례

차례

요가의 의미

요가의 의미

1. 요가라는 말

요가yoga라는 단어는 인도어의 하나인 산스크리트[범어梵語]다. 이 뜻은 '말을 마차에 묶다' 또는 '말에 멍에를 씌우다'라는 동사에서 파생된 명사다. 그래서 요가는 주로 일반 명사로 결합이라는 의미로 쓰인다. 이처럼 요가라는 단어의 원초적인 뜻은 '마차를 몰기 위해 말에 멍에를 씌우거나, 말을 마차에 묶는다'는 의미다.

이러한 의미의 요가가 명상과 같은 수행의 의미로도 쓰이게 됐다. 그 까닭은 말이나 마차가 욕망에 따라서 움직이는 인간의 심신과 유사했기 때문이다. 이러한 비유는 기원전 4세기경에 만

들어진 『카타우파니샤드』에 다음과 같이 잘 묘사되었다.

> 참나를 마차의 주인으로 알고, 육체를 마차로 알아라. 지성을 마
> 부로 알고, 마음을 고삐로 알아라. 감각기관들을 말로 알고, 그 대
> 상들을 말이 달리는 길로 알아라. 참나는 이렇게 육체와 감각기관
> 과 마음이 한 곳에 모인 마차 안에 앉아서 즐기는 자다.

위의 비유처럼 요가라는 단어는 '말을 마차에 묶어 통제한다'
는 의미에서 '심신을 통제한다'는 의미로 바뀐 것이다. 이 우파니
샤드에서처럼 요가의 목표는 육체, 감각기관, 마음, 지성들을 잘
조절하여 참나가 이 삶을 자유롭게 즐기도록 하는 것이다. 여기
서의 참나는 인도철학에서 아트만이라는 것이다. 이것은 영원불
변한 영혼 또는 참 자아와 같은 것이다. 그래서 요가라는 의미는
인간의 심신을 잘 조절하는 것이며, 궁극적으로는 인도 종교철학
이 추구하는 해탈에 이르는 수단이라는 것이다.

2. 요가의 기원

지금까지의 연구에 따르면, 요가는 인도라는 독특한 기후나

민족 또는 종교나 철학 등의 환경 속에서 발생하고 발달한 사상이다. 이 기원은 기원전 3000년 이전부터 발달했던 인더스 문명으로 추측한다. 이 유적에서 요가 좌법을 하고 있는 조각이 발견되었기 때문이다. 이 유물에 대한 추정이 맞는다면, 요가의 기원은 지금으로부터 오천 년 전이라고 할 수 있다.

문헌으로 나타나기 시작한 것은 기원전 1500년경부터 성립된 『베다』다. 이 문헌에 요가의 기원이라 할 수 있는 소마 의식이 있다. 이 의식은 제사를 담당하는 제관들이 환각제 역할을 하는 소마soma라는 즙을 신에게 올리고, 일부는 자신이 마시고 주문을 외거나 명상을 하는 것이다. 이러한 의식에 필요한 주문과 명상이 요가로 발달했을 것으로 본다. 또한 소마 의식에는 음식을 억제하는 단식, 말을 하지 않는 묵언, 누워 자지 않는 장좌불와 등의 고행 의식도 포함되어 있다. 이러한 고행은 후대에 요가행법의 일부로 수용되고 있어서 문헌으로 확실한 요가의 기원은 『베다』의 소마 의식이라고 할 수 있다.

여기서 고행(苦行, tapas)이라는 말은 '불타다(tap)'라는 동사에서 파생된 명사인데, 그 원초적인 의미는 열熱이다. 즉 고통으로 열이 날 정도의 엄격한 금욕주의적 수행을 의미한다. 이러한 수행을 하는 자를 고행자라 한다. 그런데 고행자와 요가행자의 수행법에는 많은 공통점이 있어서 명확하게 구별하기가 어렵다. 더

욱이 베다 말기에는 제물을 차려놓고 제사를 지내지 않고, 호흡
을 참고 견디는 등의 고행으로 제사의식을 대신하기도 하였다.

붓다 고행상

이것은 고행자가 요가적인 호흡법을 하였다는 것이다.

　5세기경의 요가 고전인『요가바샤』에서도 '호흡보다 우수한 고행은 없다. 이것에 의해서 모든 오염에서 벗어나고, 지혜가 빛난다.'고 하였다. 호흡 수행을 의미하는 프라나야마나 쿰바카라는 말도 호흡을 멈추고 억제한다는 고행적인 의미를 갖고 있다. 이러한 점으로 미루어『베다』에 나타난 고행의식 중에 호흡에 의한 고행은 확실한 요가 행법의 하나로 확립됐음을 알 수 있다.

3. 요가의 발달

　『베다』이후에 성립한『우파니샤드』등의 문헌에서부터는 고행과 구별되는 요가 고유의 수행법들이 있다. 그러나 붓다의 전기 등을 보면, 호흡법 등의 요가 주요 행법들은 이러한 문헌이 성립되기 훨씬 이전부터 보편화된 듯하다.

　더욱이 기원 전후에 성립된『바가바드기타』에서는 철학적 사색, 윤리적 실천, 종교적 헌신 등도 요가라고 한다. 이『바가바드기타』는 인도의 성경으로 불릴 만큼 인도인들에게 많이 읽혀지고, 인도사상에 지대한 영향을 끼친 경전이다. 그래서 요가는 호흡이나 명상뿐만이 아니라, 해탈을 위한 철학, 윤리, 종교까지 포함하는 것으로 의미가 확대되었다.

이렇게 포괄적인 의미를 지닌 요가가 다른 사상과 구별되는 요가 고유의 철학을 갖추고 하나의 학파로 성립된 시기는 기원후 4~5세기경이다. 이때 성립된 요가 경전이『요가수트라』다. 이 사상은 요가 고유의 수행법과 상캬 학파의 형이상학과 불교 심리학을 혼합한 것이다. 수행 체계는 윤리적인 계율, 육체적인 수련, 심리적인 명상의 단계로 되어 있다. 일반적으로 요가의 고전 또는 인도철학에서 말하는 요가철학은 이 요가사상을 말한다.

한편으로는 이러한 요가사상과 관계없이, 요가 행법은 인도 대부분의 종교나 철학에 수용되었다. 요가가 수행법으로써 일반화되는 과정에서 10세기경부터 하타 요가가 발달하기 시작하였다. 이때부터 현대까지 많은 발전을 하고 유행한 것은 이 하타 요가다. 그 행법들은 주로 체위법과 호흡법 그리고 무드라다. 문헌으로는『하타요가프라디피카』를 비롯한 수많은 경전들이 만들어졌다.

4. 요가의 종류

요가를 행법에 따라 분류한 문헌은『바가바드기타』다. 여기서

철학적 사색, 윤리적 실천, 종교적 헌신을 요가라는 이름으로 분류하였다. 이렇게 분류된 요가가 다음과 같은 세 가지다.

갸나 요가jñānayoga는 인간의 지적 능력으로 진리를 완전히 인식함으로써 해탈할 수 있다는 철학적 요가다.

카르마 요가karmayoga는 업에 의해서 주어진 자신의 의무를 집착없는 행위로 완전히 실행함으로써 해탈할 수 있다는 윤리적 요가다.

박티 요가bhaktiyoga는 신을 믿고 숭상하고 완전히 헌신함으로써 신의 은총으로 해탈할 수 있다는 종교적 요가다.

『바가바드기타』의 이 세 요가는 전통적인 요가와는 많은 차이가 있다. 그래서 이러한 요가를 요가라고 하지 않고, 해탈에 이르는 길이라는 의미의 마르가mārga라고도 한다.

라자 요가rājayoga는 요가사상 중에서 가장 철학적이고 심리학적인 체계를 갖춘 요가다. 이 요가는 『요가수트라』를 소의경전으로 하고, 명상을 핵심 수행으로 한다. 이 요가 경전을 편찬한 성자의 이름을 따서 파탄잘리 요가라고도 한다. 또는 수행 체계가 8단계로 되어 있어서 아쉬탕가 요가라고도 한다.

하타 요가haṭhayoga는 근현대에 세계적으로 가장 많이 알려진 요가다. 이 요가는 체위법, 호흡법, 무드라가 중심이 되나, 만트라나 명상 등이 포함되기도 한다. 대부분 이러한 요가를 하타 요

가라고 하나, 쿤달리니 각성을 목적으로 무드라 등을 중심으로
수행할 때는 쿤달리니 요가라고도 한다.

일부의 학자는 주문을 염송하는 만트라 요가mantrayoga를 독
립된 요가 유파로 보기도 한다. 만트라는 요가 발생에서부터 시
작된 요가의 중요한 행법이다. 그러나 만트라는 박티 요가, 라자
요가, 하타 요가 등에 항상 따라다니는 보조적인 행법으로 보아
야 할 것이다.

이 밖에 디아나 요가, 붓디 요가, 사마디 요가, 라야 요가, 샤
크티 요가, 얀트라 요가, 크리야 요가 등의 다양한 명칭이 있다.
그러나 이것들은 자신들만의 고유한 요가사상을 갖추지 못했다.
그 내용은 대부분 라자 요가나 하타 요가에 포함되는 것들이다.
그래서 요가를 사상적으로 크게 분류한다면, 위에서 분류한 다섯
종류다.

하타 요가의 의미

하타 요가의 의미

1. 하타라는 말

하타hatha라는 단어는 명사로서는 '강력한 힘'이나 '폭력'이라는 의미가 있고, 형용사로는 '무리하다' 또는 '부자연스럽다'라는 의미가 있다. 그래서 이 하타 요가라는 단어에는 기본적으로 '강한 힘과 무리할 정도의 노력이 동반되는 고행적인 수행'이라는 의미를 함축하고 있다. 또한 이러한 수행을 통해서 강한 육체를 만든다는 의미도 있다. 이러한 하타 요가의 의미를 『게란다상히타』에서는 '불에 굽지 않은 도자기는 바로 물에 풀어지고 만다. 그러니 먼저 요가의 불로 육체를 정화해야 한다.'고 하였다.

그러나 하타 요가를 설명하는 대부분의 문헌에서는 하타 요가는 하ha와 타tha의 결합(yoga)이라고 한다. 여기서의 하는 태양을 말하고, 타는 달을 말한다. 하타 요가 생리학에서 태양은 가슴에 있는 프라나 기氣를 의미하고, 달은 하복부에 있는 아파나 기를 의미한다. 그래서 하타 요가는 프라나와 아파나의 결합이라는 것이다.

하타라는 말을 이렇게 신비적으로 확대 해석하는 까닭은 하와 타의 결합이 하타 요가의 기본 목적에 부합되기 때문이다. 즉 하타 요가로 이 두 기가 배꼽 뒤에서 만나면, 뱃속의 불이라는 생명의 근원인 진기眞氣가 생성되기 때문이다. 이러한 관점에서 본다면, 하타 요가는 프라나와 아파나의 결합이라는 의미가 맞다. 이러한 내용은『하타요가프라디피카』등의 하타 요가 경전에서 잘 나타나 있다.

또 다른 견해도 있다. 요가 생리학에서 오른쪽 코에서 시작하는 핑갈라 나디[경맥經脈]는 태양을 상징하고, 왼쪽 코에서 시작하는 이다 나디는 달을 상징한다. 두 나디로 흐르는 프라나[기]가 불균형일 때 심신도 불균형을 초래한다. 그래서 하타 요가는 교호 호흡 등을 통해서 태양과 달인 핑갈라 나디와 이다 나디의 균형을 잡는것이라고도 할 수 있다. 이 호흡법을 결합 호흡[사히타 쿰바캐]이라고도 한다. 또는 하타 요가의 궁극 목표인 쿤달리니 각성과 상승을 위하여, 태양인 핑갈라 나디와 달인 이다 나디로 흐르는 기를 중앙에 있는 수슘나 나디에서 결합하여 그 속으로 흐르게 한다는 의미도 있다. 이러한 점에서 보면, 하타 요가는 핑갈라 나디와 이다 나디의 결합이라고도 할 수 있다.

이상을 종합해 볼 때, 하타 요가라는 말에 고행적인 노력을 통해서 강한 육체를 만든다는 것을 근본으로 하고, 나아가 생명력을 생성하고, 심신의 균형을 잡고, 궁극적으로는 쿤달리니 각성이라는 의미를 함축하고 있다.

2. 하타 요가의 사상적 배경

하타 요가의 주요 행법에 해당하는 좌법이나 호흡법은 요가의 발생에서부터 실행되었을 것이다. 그러나 하타 요가가 확고한 체계를 갖추고 눈부시게 발달할 수 있었던 사상적 배경은 탄트라tantra다.

5세기경부터 시작된 이 탄트라 사상은 인도의 혁신적인 종교 철학 운동이다. 이 이전의 인도철학이나 종교는 관념적이고 이론적이었다. 반면에 탄트라에서의 철학이나 종교는 실제적이고 실천적이다. 이러한 탄트라에서는 삶에 실제적으로 영향을 주는 것이면 무엇이든지 진리로 받아들인다. 그래서 탄트라 사상에는 하층민들의 삶 속에 깔려있는 저급한 형태의 종교의례에서부터, 정교한 과학이나 고원한 철학까지 포함되어 있다.

하타 요가는 이러한 탄트라의 영향을 대단히 많이 받았다. 하타 요가에 직접적인 영향을 준 사상만을 간단히 요약해 보면 다음과 같다.

첫째, 우주는 하나의 거대한 프라나, 즉 에너지의 바다다. 이러한 관점은 현대과학과 가까우며, 중국의 기일원론氣一元論 철학과 같다.

둘째, 이 프라나의 양면성이 남신 쉬바와 여신 샥티로 상징된다. 이러한 양면성은 중국철학에서 기는 음양의 상호작용이라는 점과 같다.

셋째, 인간도 대우주를 구성하는 프라나로 이루어진 소우주다. 그래서 소우주인 인간은 대우주와 똑같은 구성요소와 질서를 갖췄다.

넷째, 소우주인 인간의 생명을 소중히 간직해야 한다. 육체가 없으면 정신 또한 없기 때문에, 육체적인 생명을 먼저 잘 보살펴야 한다.

다섯째, 이 세상에서 이 생명이 있을 때, 인간의 궁극 목표인 해탈이나 열반을 추구해야 한다. 이 세상 밖에 천국과 같은 다른 세계는 존재하지 않으며, 이 생명이 없는 해탈이나 열반 등도 존재하지 않는다.

하타 요가는 탄트라 사상 중에서 이상과 같은 영향을 많이 받았다. 그래서 이 우주는 음양의 기로 이루어져 있으며, 이 현실 세계만이 실재하며, 인간은 이 우주의 축소판이며, 소우주로서의 이 생명은 소중하다는 것이다. 그래서 이 세상에서 살아있을 때, 이 생명을 온전히 하여 최고의 열반을 추구하자는 것이다. 이러한 관점에서 발달한 것이 하타 요가다.

3. 하타 요가 생리학

하타 요가에서 인간 생명을 이해하는 방식은 서양의 해부생리학과는 다르다. 해부생리학은 눈에 보이는 각 기관의 작용을 이해하는 것이다. 반면에 하타 요가 생리학의 연원이 되는 인도의 전통의학은 눈에는 보이지 않는 에너지인 프라나의 작용을 이해하는 것이다. 이러한 점은 중국의 한의학에서 생명의 본질을 기氣의 작용으로 보는 것과 같다. 이러한 이론 중에서 하타 요가 수행에 필요한 생리학만을 살펴본다.

탄트라에서 우주는 프라나의 바다라고 하였다. 소우주인 인간의 생명 또한 이것으로 이루어졌다. 이 생명력이 인체에서 기능을 달리하며 작용하는 것이 프라나, 아파나, 사마나, 우다나, 비야나 다섯이다. 이 중 하타 요가에서 중요한 것은 프라나와 아파나의 역할이다. 프라나는 넓은 의미로는 모든 기를 총칭하나, 좁은 의미의 프라나prāna는 가슴에서 호흡과 순환을 담당하는 상승하는 태양과 같은 성향의 기이다. 반면에 아파나apāna는 하복부에서 배설과 생식을 담당하는 하강하는 달과 같은 성향의 기이다. 하타 요가를 통하여 프라나와 아파나가 결합하면 뱃속의 불(jaṭharāgni)이 일어난다. 이 불이라는 것이 생명의 근원이 되는 에너지다. 『하타요가프라디피카』에서도 '아파나는 끌어올리고 프라나는 끌어내려야 한다. 그러면 수행자는 노화에서 해방되어 16세의 젊은이처럼 된다.'고 하였다.

이러한 하타 요가의 생리학을 중국의학 관점으로 본다면, 가슴의 프라나는 양陽인 불을 상징하고 하복부의 아파나는 음陰인 물을 상징한다. 한의학에서 물은 오르고 불은 내리는 수승화강水昇火降이 되어 배꼽 뒤에서 결합하면, 생명의 근원이 되는 진기眞氣가 발생한다고 한다. 하타 요가에서 말하는 뱃속의 불은 이 진기를 이르는 말한다. 하타 요가 경전인 『쉬바상히타』에서는 이에 대해 다음과 같이 말한다.

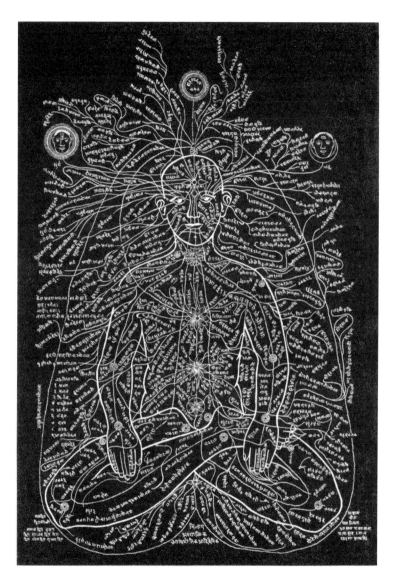

인체에 퍼져 있는 나디

이것은 우주적인 불이며, ……

음식물을 소화시키고, 사람의 수명을 연장시키고, 힘과 영양을 주고, 육체를 성장시키고, 질병을 없앤다. 그러므로 현명한 요가행자는 매일 이 우주적인 불을 점화해야 한다.

몸 안에서 이러한 프라나가 흐르는 길이 나디nāḍī다. 이 나디는 72,000개가 있다고 하나, 하타 요가 수행에서 알아야 할 것은 이다 나디, 핑갈라 나디, 수슘나 나디다. 달로 상징되는 이다는 왼쪽 콧구멍에서 시작하여 인체의 왼쪽을 관할하고, 해로 상징되는 핑갈라는 오른쪽 콧구멍에서 시작하여 인체의 오른쪽을 관할한다. 교호 호흡 등은 이 두 나디로 흐르는 프라나를 원활히 하여 심신의 균형을 잡는 것이다. 궁극적으로는 두 나디로 흐르는 프라나를 하나로 결합하여 중앙에 있는 수슘나 나디로 상승시키는 것이다.

인도의학의 나디와 같은 개념이 한의학의 경맥經脈이다. 나디와 경맥 이론은 같은 생명의 원리를 이해하는 것이나, 이 이론이 보다 발달한 것은 중국 한의학이다. 하타 요가 수행을 위해 한의학을 바탕으로 하는 중국 기공氣功 이론을 간단히 살펴본다.

수승화강에 의해서 진기가 발생하는 곳은 배꼽 뒤 두 신장 사이다. 여기서 생성된 진기는 항문과 성기 사이인 회음會陰으로

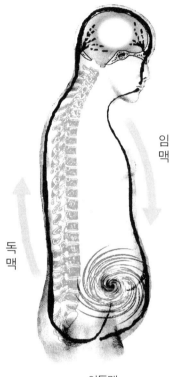

임
맥

독
맥

임독맥

내려와서 세 가닥으로 나뉜다. 그 중 하나는 인체의 앞으로 흐르
는 임맥任脈이다. 이것은 배꼽과 가슴과 목을 거쳐 아래 입술에
서 갈라져서 윗입술 아래에서 독맥과 만난다. 이 임맥은 온 몸의
음경과 연결되어 있으며, 모든 음경의 기혈을 조절한다. 그래서
음맥의 바다라고 한다.

　다른 하나는 인체의 뒤로 흐르는 독맥督脈이다. 이것은 척추

뒤를 따라 올라가 머리뼈와 이어지는 풍부風府에서 뇌 속으로 들어가고, 겉으로는 머리의 중앙으로 올라가서 이마를 거쳐 코를 지나 윗입술에서 임맥과 만난다. 이 독맥은 온 몸의 양경과 연결되어 있으며, 모든 양경의 기혈을 조절한다. 그래서 양맥의 바다라고 한다.

이 임맥과 독맥은 음과 양을 대표하는 경맥이다. 이 둘은 음양으로 분리되어 있으나, 하나로 이어진 경맥이다. 기공수련은 진기를 독맥으로 올리고 임맥으로 내리는 수행의 반복이다. 이렇게 둘을 하나로 이어 돌리는 것을 소주천小周天 공법이라 한다. 그러면 수승화강에 의해서 진기가 잘 생성될 뿐만이 아니라, 전신에 퍼져있는 모든 음양의 경맥이 조화를 이루고 흐름이 원활해진다. 하타 요가도 이 원리에서 크게 벗어나지 않는다.

회음에서 척추 속으로 흐르는 충맥은 요가의 수슘나 나디에 해당된다, 차크라와 더불어 요가의 중요한 생리학이기는 하나, 이것에 관한 행법은 무드라 수행 등이 중심이 되는 쿤달리니 요가에 해당되기 때문에 여기서는 생략한다.

4. 하타 요가 수행체계

모든 수행에는 일정한 원리에 의해 조직된 체계가 있다. 예를 들면『요가수트라』의 8단계 수행체계가 그것이다. 하타 요가에도 몇 가지 수행체계가 있으나, 하타 요가의 대표적인 경전인『하타 요가프라디피카』에 따르는 것이 옳은 듯하다. 여기에 따르면 1장이 체위법, 2장이 호흡법, 3장이 무드라, 4장이 명상법이다.

그런데 이 경전을 자세히 보면, 1장에는 수행자가 갖추어야 할 조건들이 포함되어있고, 2장에는 여섯 가지 정화법이 포함되어있고, 3장의 대부분은 쿤달리니 각성을 위한 무드라이고, 4장의 명상법은 쿤달리니 명상법이다. 그러나 이 책은 쿤달리니 각성 이전의 단계이기 때문에, 수행체계를 다시 세워야 한다. 그러면 다음과 같은 체계가 적합한 듯하다.

첫째, 수행자가 갖추어야 할 조건들이다. 인도에서 발생한 모든 철학이나 종교의 밑바탕에는 인과응보라는 업사상이 깔려 있다. 하타 요가도 이와 다르지 않으므로 최소한 지켜야 할 도덕률이 있다. 다음은 하타 요가는 육체 건강을 기본 목적으로 하기 때문에, 건강을 위한 유의할 사항들이 있다.

둘째, 기본 체위법이다. 하타 요가의 두드러진 특징 중의 하나가 이 체위법이다. 그러나 현대에는 너무 많은 변형이 이루어져서 이미 요가라는 범주에서 벗어났다. 그 뿐만이 아니라, 심신에도 유익하지 않은 것들도 많다. 따라서 하타 요가 고전에 근거해서 알아야 할 기본 체위법이 있다.

셋째, 호흡법이다. 하타 요가의 핵심 수행은 호흡법이다. 인간 생명의 근본 에너지는 호흡에 의해 얻어질 뿐만이 아니라, 호흡에 의해서 생명활동이 조절된다. 따라서 하타 요가의 성공 여부는 이 호흡법에 달려있다. 따라서 호흡법의 원리와 방법에 관하여 바르게 알아야 한다.

넷째, 명상법이다. 명상법은 라자요가의 핵심 수행법이다. 그러나 모든 요가에는 항상 명상법이 포함되어 있다. 수행의 궁극적 성취는 명상에 달려있기 때문이다. 하타 요가 경전들에도 많은 명상법들이 있으나, 대부분 쿤달리니 요가와 관계된 명상법이거나, 실용성이 없는 것들이다. 여기서는 호흡 수행에 이어서 할 수 있는 쉬운 명상법을 소개한다.

5. 하타 요가의 효과

모든 수행은 그 목적이 있고, 수행의 결과로 얻어지는 바가 있다. 하타 요가 또한 마찬가지다. 하타 요가 수행으로 얻어지는 대표적인 효과를 열거하면 다음과 같다.

첫째, 건강해진다. 탄트라를 배경으로 하는 하타 요가의 기본 목적은 건강과 장수다. 이러한 목적으로 창안된 것이 체위법과 호흡법 그리고 무드라다. 과장된 말이기는 하나, 많은 하타 요가 경전에서는 하타 요가를 통해서 늙음과 죽음으로부터 벗어날 수 있다고 한다.

둘째, 질병이 치유된다. 인도나 중국의학에서 모든 질병의 원인은 기가 부족하거나, 기가 원활히 흐르지 못하거나, 기의 균형이 깨진 상태를 의미한다. 하타 요가의 체위법은 기의 흐름을 원활히 한다. 호흡법은 기를 생성하고, 순환시키고, 균형을 이루는 가장 뛰어난 방법이다. 그래서 바르게만 수행한다면 모든 질병이 치유된다.

셋째, 아름다워진다. 하타 요가는 기본적으로 건강미를 준다. 체위법으로 자세가 바르고, 체중이 알맞게 조절되고, 몸매가 아름답고, 동작이 유연하다. 호흡법으로 탁기가 배출되어 목소리가 맑고, 피부가 깨끗하고, 눈동자가 맑아진다. 명상법으로 고요하고, 평화롭고, 행복한 의식에서 풍기는 내면의 아름다움이 있다.

넷째, 악업이 소멸된다. 하타 요가 생리학에 따르면, 마음은 물론 악업도 프라나의 일부다. 바른 요가에 의해서 악업의 프라나가 소멸되면 악업 또한 소멸된다. 많은 요가 경전에서 요가로 악업을 소멸시킬 수 있다고 하는 것은 이러한 원리에 근거한다. 하타 요가 경전인 『쉬바상히타』에서는 '현명한 수행자는 호흡수행으로 전생에 쌓은 업과 현생에 생긴 업을 단호하게 소멸시킬 수 있다.'고 한다.

다섯째, 지혜가 생긴다. 지혜란 우주나 인간의 실상을 아는 것이다. 이것은 공부나 사색으로 얻어지는 지식과는 다르다. 현대 과학에서 밝힌 바처럼, 이러한 지혜는 뇌에서 실제적인 변화가 일어나야 한다. 말하자면 송과체나 전두엽 등이 커지고, 좌우뇌가 균형을 이루고, 호르몬 분비가 달라지고, 뇌파가 안정되는 등의 변화다. 하타 요가는 실제적으로 뇌에 이러한 변화를 주는 가장 뛰어난 방법 중의 하나다.

하타 요가의
필요조건

하타 요가의 필요조건

1. 다섯 가지 금지계

인도에서 발생한 요가사상에는 선악의 행위는 반드시 그 과보가 주어진다는 업사상이 바탕에 깔려있다. 그래서 하타 요가는 육체 건강을 우선으로 함에도 불구하고, 하타 요가 경전에서는 윤리적 계율을 말한다. 윤리적 계행이 확립되지 않으면, 육체적 수행조차도 좋은 결과를 기대할 수 없다는 것이다.

일부 하타 요가 경전에는 많은 계율을 열거하나, 그 모든 것을 다 지킬 수는 없다. 아마도 요가학파의 소의경전인『요가수트라』에서 제시하는 금지계(yama)면 충분할 것이다. 이 다섯 가지는 요가뿐만이 아니라, 동서고금의 종교나 윤리에서 공통되는 계율이다. 수행자가 아니라도 인간으로써 바르게 살려면 누구나 지켜야 할 것들이다.

첫째, 살생하지 않아야 한다. 계율에는 하나의 윤리적 대원칙이 있다. 그것은 모든 생명체를 괴롭히지 않는 것이다. 다른 생명체도 살아야할 권리가 있고, 나와 같이 고통을 느낀다는 것을 알아야 한다. 이렇게 다른 생명체를 해치지 않고 사랑할 때, 나머지 모든 계율이 바로 지켜질 수 있다.

둘째, 속이지 않아야 한다. 이 계율은 남을 속여서 피해를 주지 않아야 한다는 것이다. 그러나 정직은 이렇게 타인을 위한 윤리만은 아니다. 정직하지 않은 마음으로는 어떠한 정신 수행도 불가능하기 때문에, 자기 정화를 위해서도 꼭 필요한 자리적自利的 윤리다.

셋째, 도둑질하지 않아야 한다. 이 계율은 타인의 물건을 훔쳐서 물질적인 피해를 주지 않아야 한다는 것이다. 도둑질은 남을 속이려는 마음과 욕심을 바탕으로 일어나는 행위다. 그래서 단순한 물질뿐만이 아니라, 사기 등과 같이 남을 속여서 이익을 취하는 모든 행위도 포함된다.

넷째, 음란하지 않아야 한다. 이 계율은 간음하지 말라는 의미만이 아니라, 부부간이라도 지나친 성교를 하지 말라는 의미다.

인간 생명의 원천은 정精인데, 성교에 의해서 그것이 가장 많이 손실되기 때문이다. 정이 부족하면 심신이 온전하지 못하기 때문에, 건강하게 장수할 수 없을 뿐만이 아니라 어떠한 수행도 불가능하다.

다섯째, 욕심내지 않아야 한다. 욕심은 자신의 삶에 필요한 것 이상으로 소유하고자 하는 마음이다. 살생, 거짓말, 도둑질, 음란함 등은 모두 이 욕심을 바탕으로 일어나는 행위다. 또한 인간의 대부분의 불행도 이 욕심으로부터 시작된다. 그래서 지나친 욕심을 줄이고, 만족할 줄 알아야 한다.

2. 올바른 식생활

하타 요가는 일반 종교보다는 지켜야 할 계율이 상대적으로 적은 편이다. 반면에 건강을 위하여 지켜야 할 것들은 많다. 그 중에서 가장 많이 강조하는 것은 식생활이다. 음식은 건강과 가장 직결되는 것이기 때문이다. 경전에 나타난 올바른 식생활의 내용을 보면 다음과 같다.

첫째, 조금 먹는다. 하타 요가 식생활 중에서 가장 강조되는 것이다. 하타 요가 경전에서는 '소식하지 않고서는 어떠한 요가에도 성공할 수 없다.'고 단언한다. 경전에서는 위장의 반만 음식으로 채우고, 그 나머지 반은 물로 채우고, 그 나머지는 공기가 자유롭게 드나들도록 비워두라고 한다. 이 식사량은 자신이 배불리 먹을 수 있는 양의 반만 먹고, 약간의 수분을 섭취하라는 것이다. 이러한 식사량은 현대의학에서 건강장수를 위해 권장하는 식사량과 거의 같다. 현대의학에서 말하는 식사량은 먹고 싶은 양의 60~70%만 먹는 것이다. 동서고금을 통해 오래 살기 위한 방법들은 수없이 많았다. 그러나 어느 하나도 완전한 것은 없었으며, 견해 또한 일치하지 않는다. 단지 공통된 견해는 조금 먹으면 오래 살 수 있다는 것이다.

둘째, 때에 맞춰 먹는다. 식사 때가 아니면 먹지 않아야 한다. 그 하나가 간식하지 않는 것이다. 오장육부도 한 번 운동을 하고 나면 일정 기간 쉬어야 한다. 적어도 식사 후 3시간 이내에 다시 음식을 먹어서는 안 된다. 또 다른 하나는 오후에 많이 먹지 않아야 한다. 오후에는 음식을 소화흡수하는 기관보다는 다른 내장기관이 활동하는 시간이기 때문이다. 더욱이 밤에는 모든 심신이 휴식을 취하는 시간이기 때문에, 내장 또한 휴식을 취해야 한다.

셋째, 채식을 한다. 생선이나 육류를 많이 먹지 말아야 한다. 이것들은 식물보다 지방과 단백질이 많아서 좋은 듯하다. 그러나 암모니아 등의 많은 독소를 몸 안에 남기기 때문에, 많은 질병의 원인이 된다. 또한 인간의 치아 구조, 창자 길이, 소화효소 등을 보면, 인간은 초식동물에 가깝다. 육식이 인간에게 해로운 근본 이유는 인간의 생리구조가 육식에 적합하지 않기 때문이다.

넷째, 지나치게 자극적인 음식을 삼간다. 맛은 특정 내장기관에 영향을 주기 때문에, 그 맛이 지나치면 그에 해당하는 내장이 손상된다. 한의학에 따르면 지나친 신맛은 간이 손상되고, 비장을 손상시킨다. 지나친 쓴맛은 심장이 손상되고, 폐를 손상시킨다. 지나친 매운맛은 폐가 손상되고, 간을 손상시킨다. 지나친 짠맛은 신장이 손상되고, 심장을 손상시킨다. 지나친 단맛은 비장이 손상되고 신장을 손상시킨다. 따라서 어느 맛이든 지나치게 강한 것은 물론이고, 하나의 맛만을 많이 먹어서는 안 된다.

다섯째, 오신채를 먹지 않는다. 오신채五辛菜는 다섯 가지 매운맛의 채소라는 의미다. 또는 다섯 가지 냄새나는 채소라고 하여 오훈채五葷菜라고도 한다. 여기서 오신채든 오훈채든 모두 나쁜 의미를 내포한다. 오신채는 마늘, 파, 부추, 달래, 흥거인데, 흥거는 극동에 없는 채소다. 이것들은 대부분의 종교나 의서에서 금기하는 식품이다. 그런데 근래에는 피상적인 효과에만 급급하여 오히려 많이 먹는다. 그러나 한의서나 인도의 전통의서에서는 이것들의 약효보다는 그 해악을 더 강조한다. 그 해악이란 심신을 흥분시켜서 분노를 일으키고, 음욕을 일으켜서 정精을 빼내고, 혈액 속에 유독한 열을 발생시키고, 정신을 우둔하게 한다는 것 등이다. 그래서 많이 먹어서는 안 되는 식품이다.

여섯째, 술을 많이 마시지 않는다. 술만큼 인간에게 피해를 준 것이 없다. 그럼에도 불구하고 술은 사라지지 않는다. 그 까닭은 술이 주는 이익 또한 적지 않기 때문이다. 그 이익이란 술을 마시면 바로 기혈순환이 잘된다는 점이다. 그래서 의서에는 술만한 약이 없다고도 한다. 따라서 술은 조금 마시면 약이 된다. 그러나 술은 정신을 손상시키고, 모든 실수의 원인이 되고, 지나치면 심신을 망가트리는 독이 되고, 끊을 수 없는 중독이 된다. 그래서 결코 많이 마셔서는 안 된다.

일곱째, 부적당한 음식이 있다. 하타 요가 경전에서 말하는 부적당한 음식은 조리한 지가 오래된 음식, 한 번 익힌 것을 다시 데운 음식, 기름에 튀긴 음식이다. 현대에는 대부분의 인스턴트 식품이 이에 해당된다. 이러한 음식들은 영양가가 없어서가 아니라, 생명에 이로운 기가 없고 때로는 해롭기 때문이다. 다음은 익히거나 발효되지 않은 생야채와 과일을 많이 먹어서는 안 된다. 이것들은 비위를 손상시키고, 기를 산란하게 하고, 정을 빼낸다.

3. 하타 요가 장애와 조건

하타 요가 경전에 따르면, 누구나 하타 요가를 할 수 있는 것은 아니다. 『쉬바상히타』에서는 수행자의 자격 조건을 네 등급으로 분류하였다. 이 중에서 상위 두 등급만이 하타 요가를 할 수 있다고 한다. 하타 요가를 할 수 없는 최하위 등급을 보면 다음과 같다.

> 수행에 대한 야심이 조금도 없고, 어리석고, 스승을 존경하지 않고, 욕심이 많고, 마음이 사악하고, 밥을 많이 먹고, 남의 아내를 마음속으로 생각하고, 기분파이고, 겁쟁이이고, 병약하고, 의타심이 있고, 잔인하고, 선행하지 않고, 노력이 부족한 사람은 연약한 하급 수행자다. 이런 사람은 비장한 노력을 할지라도 12년이 지나야 겨우 성취할 수 있다. 이러한 사람은 만트라요가가 적합하다.

이 경전에서 말하는 수행자처럼 하타 요가를 할 수 없는 자가 있다는 것은 하타 요가가 단순히 건강만을 위한 것이 아니기 때문이다. 이 경전에서 말하는 하타 요가의 궁극 목표는 하타 요가 최고 행법인 쿤달리니 각성에 의한 해탈이다.

이처럼 해탈을 궁극 목표로 삼는 사람들에게 세속 삶은 수행에 장애가 된다. 위의 경전에서는 이러한 세속적인 장애를 열거하고 있는데, 이 장애 중에는 재산이나 권력은 물론이고 부인과 자식도 포함되어있다. 이것은 하타 요가 수행자도 불교의 승려처럼 가정을 버리고 출가하였다는 것이다. 더욱이 이 경전에서는 하타 요가 수행만을 강조하여 일부의 종교의례나 낮은 차원의 요가조차도 장애로 취급한다. 이것들을 요약하면 다음과 같다.

종교적 장애는 목욕재계를 하는 것, 신전에 공양을 올리는 것, 재일齋日을 지키는 것, 참회하는 것, 묵언수행을 하는 것, 만트라 염송을 하는 것, 보시하는 것, 신전을 만드는 것, 제사를 지내는 것, 단식을 하는 것, 고행을 하는 것, 성지순례를 하는 것 등이다. 대부분 힌두교의 전통적인 종교의례나 수행법들이다.

지적 장애는 소 얼굴 체위법 등을 하는 것, 청소법 등의 정화법을 하는 것, 감각억제를 위하여 감각기관이나 운동기관을 억제하는 것, 숨의 출입에서 무게와 밝기를 관찰하라는 명상법 등이다. 대부분 잘못된 수행법이거나 낮은 차원의 요가 행법들이다.

이상에서 살펴본 하타 요가의 자격 조건이나 장애는 조금은 지나친 듯하고, 우리의 현실에 맞지 않는 듯하다. 그러나 수행을 바르게 하기 위해서는 참고할 만한 내용이다.

대부분의 경전에서는 스승 공경을 최고의 필수조건이라고 하나, 우리의 현실에 적용하기는 어렵다. 하타 요가에서 제시하는 보다 실제적인 조건은 과식하지 않는 것과 음란하지 않는 것이다. 이 둘은 앞의 계율과 식생활에서 이미 언급했다. 여기서는 하타 요가 수행을 위한 그 밖의 실제적인 조건들을 살펴본다.

　첫째, 신념을 가져야한다. 다른 모든 수행과 마찬가지로 하타 요가 수행도 이에 대한 확고한 신념을 바탕으로 시작된다. 신념도 하나의 힘이다. 이것이 없으면, 수행의 난관을 이겨낼 수 없을 뿐만이 아니라, 좋은 수행의 결과도 얻지 못한다. 모든 종교와 마찬가지로 수행은 그것에 대한 확고한 믿음에서부터 시작된다.

　둘째, 말을 적게 해야 한다. 말을 많이 하면 생명의 기가 빠지고 흩어진다. 그래서 심신이 손상되고 수명이 짧아진다. 또한 필요 없는 말을 하거나, 남에게 피해를 주는 말을 하는 것은 큰 구업口業이 된다. 입으로 짓는 이러한 업도 마음이나 몸으로 짓는 업과 마찬가지로 큰 죄업이 된다.

　셋째, 과로하지 않아야 한다. 모든 육체적 정신적 과로는 생명을 손상시킨다. 경전에서 과로라고 지적하는 것은 무거운 것을 드는 것, 태양예배 체조를 하는 것, 많이 돌아다니는 것, 먼 곳을 여행하는 것이다. 이 뿐만이 아니라, 모든 행위는 심신을 지나치게 피로하게 해서는 안 된다.

넷째, 아침에 목욕하지 않아야 한다. 인도와 같이 더운 여름이라도 아침에 목욕을 하면 건강에 해롭다. 아침에는 양기가 오르는 시간이다. 오전에 특히 이른 아침에 머리를 감거나 목욕을 하면, 양기가 머리로 오르지 못하여 지혜와 수명이 감소한다.

다섯째, 일찍 일어나야 한다. 생명에 이로운 바른 정기正氣는 새벽에 가장 많다. 그래서 일찍 일어나서 활동해야 한다. 특히 호흡 수련과 명상은 새벽시간에 할 때, 가장 효과가 좋다.

체위법 예비지식

체위법 예비지식

1. 체위법 특징

체위법이라는 말은 본래 앉는 방법 또는 앉은 자세라는 의미의 아사나āsana를 이르는 말이다. 그래서 아사나를 문자대로 표현하면 좌법坐法이라고 해야 한다. 그러나 하타 요가에서의 아사나에는 좌법은 물론이고 운동법까지도 포함된다. 이런 까닭에 아사나를 문자대로 좌법이라고 하는 것은 맞지 않다. 그렇다고 운동법이나 체조법이라 하기에도 적합한 용어가 아니다. 아사나는 특정한 자세를 정지된 상태로 일정 시간 유지하는 것이기 때문이다. 그래서 이 책에서는 아사나를 체위법体位法이라고 하였다. 이러한 체위법은 서양의 체조나 중국의 기공과 다른 다음과 같은 특징과 원리를 갖고 있다.

첫째, 한 자세를 취하고 일정 시간을 유지한다. 체조나 대부분의 기공은 끊임없이 움직인다. 때로는 동작이 빠를수록 잘하는 것으로 간주된다. 그러나 체위법은 일정 시간 동작을 멈춰야 한다. 이 정지하는 시간은 체위법의 종류나 수행 정도에 따라 적게는 몇 초에서 한 시간 이상이 되기도 한다.

둘째, 서서만 하지 않고 앉아서, 누워서, 엎드려서, 거꾸로 서서 한다. 대부분의 체조나 중국의 기공은 주로 서서한다. 그러나 하타 요가 고전에는 서서하는 체위법은 없다. 인간은 네발로 기어 다니는 포유동물에서 두 발로 서서 다니게 진화했다. 그러나 척추를 비롯한 골격, 모든 내장, 혈액과 같은 순환계통은 여전히 기어 다니는 동물의 상태에서 크게 바뀌지 않았다. 이러한 불합리한 인간의 생리를 바로 잡기 위해 창안된 것이 요가 체위법이기 때문에, 서서 하는 체위법은 거의 없다.

셋째, 호흡에 맞춰서 하고, 자신의 내부에 의식을 집중한다. 서양체육의 목적은 몸을 움직여서 각 기관에 자극을 주거나, 혈액 등을 순환시켜서 건강을 증진시키고자 하는 것이다. 하타 요가에도 이러한 점이 없는 것은 아니다. 그러나 하타 요가의 근본 목적은 생명의 근원이 되는 기를 생성하고, 운행하고, 조화를 이루는 것이다. 이 기의 생성 운행 조화를 이루는 직접적인 원동력은 호흡이고, 간접적으로 이러한 것을 돕고 조절하는 것이 마음이다. 그래서 체위법을 할 때도 호흡에 맞춰서 하고, 의식은 그 체위법의 목적에 부합하는 곳에 집중해야 한다.

2. 체위법 종류

하타 요가 경전『게란다상히타』에서는 체위법의 종류가 생물의 수만큼 많다고 한다. 그러면서 쉬바 신은 8,400만 가지의 체위법을 가르쳤으나, 인간에게는 32가지만이 적합하다고 한다. 이 경전에서도 32가지 체위법이 실려 있다.『하타요가프라디피카』에서는 15가지가 소개됐다. 반면에『쉬바상히타』에서는 오직 4종류의 좌법만 중요한 체위법이라고 한다. 이 세 경전은 하타 요가의 대표적인 경전이다. 이를 통해서 본다면 체위법은 적게는 4가지에서 많게는 32가지 정도라고 할 수 있다.

그러나 건강만을 위한다면『쉬바상히타』에서 제시하는 4가지 좌법만으로는 부족한 듯하다. 반면에『게란다상히타』에서 제시하는 32가지는 너무 많다. 또한 중요하지 않은 체위법도 포함되어있다. 이 세 경전이 성립된 이후부터 현대까지 많이 실행되고 있으며, 바른 체위법으로 인정되는 것은 십여 가지 정도다.

하타 요가를 처음 접하는 초보자들은 체위법이 십여 가지라면 너무 적다고 생각할 것이다. 더욱이 체위법을 수십 가지로 변형시켜서 체조하듯이 하는 것을 요가라고 알았던 사람들은 더욱 그러할 것이다. 그러나 그것은 하타 요가가 아니다. 하타 요가의 체위법은 정지된 상태로 일정 시간을 유지하는 것이다. 그래서 일부의 체위법은 몇 초에서 한 시간 이상 같은 자세를 유지해야 한다. 또한 모든 수행과 마찬가지로 반복되어야 한다. 더욱이 하타 요가의 근본은 호흡과 무드라다. 일반적으로 호흡과 무드라 그리고 명상을 수행할 경우에는 많은 체위법을 할 시간이 거의 없어서, 이 십여 가지도 많은 편이다. 따라서 이 십여 가지 체위법만으로도 한 평생하기에는 부족함이 없다는 것을 알아야 한다.

3. 체위법 주의사항

모든 수행법에는 주의할 사항이 있다. 체위법 또한 마찬가지다. 더욱이 근현대에 들어 잘못 전해지는 요가를 볼 때, 체위법도 바르게 알고 실천해야 할 것이다.

첫째, 인간생리에 맞는 것만 한다. 체위법을 하는 목적 중의 하나는 인간의 진화 과정이나 생활습관으로 인하여 생긴 불균형을 잡아주기 위한 것이다. 따라서 이러한 목적에 부합하지 않고, 인간의 생리에 맞지 않아서 심신을 손상시키는 동작을 해서는 안 된다.

예를 들면 등펴기 체위의 변형으로 다리를 옆으로 벌리는 자세다. 이러한 동작은 요가 경전은 물론 중국 기공에도 없다. 그 까닭은 인간의 다리는 포유동물의 뒷다리에 해당되고, 진화 과정에서 앞뒤로만 움직이게 진화됐기 때문이다. 그러한 다리를 옆으로 벌리면, 고관절에 문제가 올 뿐만이 아니라, 기가 아래로 빠져나간다. 이러한 불합리한 동작으로는 팔을 지나치게 등 뒤로 넘기는 동작, 옆구리를 지나치게 늘리는 동작, 목과 허리를 지나치게 뒤로 제치는 동작 등이 이에 해당된다.

둘째, 자신의 체질이나 질병에 맞는 것만 한다. 체위법은 그 하나하나가 인체에 각기 다른 영향을 준다. 따라서 자신의 체질, 질병, 생활습관 등에 맞는 것만을 골라서 해야 한다. 그렇지 않으면 효과도 적을 뿐만이 아니라, 때로는 역효과를 낼 수도 있다.

예를 들면 비만 체질이 활 체위를 많이 한다거나, 소화가 안 되는 위장병 환자가 쟁기 체위를 많이 한다거나, 하루 종일 서서

근무하는 사람이 메뚜기 체위를 많이 하는 것 등이다. 이렇게 자신의 체질이나 체위법의 효과를 알지 못하고, 무작정 체위법을 하는 것은 건강에 도움이 되지 않을 뿐만이 아니라, 오히려 건강을 해칠 수도 있다. 체위법의 원리와 효과에 대해 분명히 알아서 자신에 맞는 것을 선택해서 많이 하고, 맞지 않는 것은 가볍게 하거나 하지 말아야 한다.

셋째, 무리하지 않는다. 요가에 대해 잘못 알려진 대표적인 것 중의 하나가, 요가는 몸을 유연하게 하여 남이 못하는 어려운 동작을 하는 것이다. 이렇게 알다보니, 요가를 한다는 것은 모든 근육, 인대, 관절을 최대한 늘려서 몸을 유연하게 하는 것이 되어버렸다. 물론 알맞게 유연한 것은 좋다. 그러나 인대나 관절을 지나치게 이완시키면 먼저 간이 손상되고 이어서 신장이 손상된다. 더욱이 한번 늘어난 인대는 다시 수축되기가 어렵다.

따라서 앞에서 인간의 생리에 맞지 않는다고 지적한 동작을 지나치게 해서는 안 된다. 특히 척추를 지나치게 구부리거나 뒤로 제치거나 비틀어서는 안 된다. 척추의 인대와 연골이 손상되고 지나치게 이완되면, 뇌척수가 고정되지 못하여 정이 빠져나간다. 체위법의 목적은 몸을 이완시키는 것만이 아니라, 수축시키는 것도 포함된다는 것을 명심해야 한다.

넷째, 반복해야 한다. 앞에서 본 바처럼, 인간의 생리에 맞고,

자신에게 맞고, 무리하지 않는다면, 반복할수록 좋다. 수행이란 반복하는 것이다. 우리가 먹고 자는 것 등이 매일 반복되어도 지나치다고 여기지 않는다. 이처럼 바른 체위법이라면, 평생 동안 반복해도 부족하다.

예를 들어 거꾸로 서기를 하루에 3시간씩 6개월간 하면 죽음으로부터 벗어날 수 있다고 한다. 물론 과장된 표현이기는 하나, 노화로부터 벗어날 수 있는 훌륭한 방법인 것만은 분명하다. 만약 하타 요가에 익숙해져서 거꾸로 서기가 부담이 없다면, 이 체위법을 매일 수없이 반복하여도 지나치지 않다. 바르고 자신에 맞는 체위법은 평생 수없이 반복해야 한다.

다섯째, 기타 주의사항이 있다. 배가 부른 상태에서는 하지 않는다. 배가 부른 상태에서는 기혈이 잘 돌지 않을 뿐만이 아니라, 위장 등에 무리가 간다. 그렇다고 지나치게 허기진 상태도 안 좋다. 요가를 마치고 바로 식사를 하거나, 목욕을 하거나, 무리한 일을 해서는 안 된다. 30분 정도는 쉰 다음에 활동을 한다. 요가 수행으로 막혔던 기혈이 순환될 때 땀이 난다. 이때에는 두 손바닥을 마주 비벼서 뜨거워지면, 땀이 나는 곳을 문질러주는 것이 좋다. 여성은 생리를 시작하는 날과 다음날은 명상만 하는 것이 좋다.

체위법

체위법

01

뱀 체위(bhujaṅga āsana)

[방법]

① 엎드린 자세에서 배와 발등을 바닥에 대고, 손은 겨드랑이
  밑에 댄다.

② 팔을 펴면서 머리와 상체를 들어 뒤로 젖힌다.

③ 처음 자세로 돌아온다.

[호흡]

초급 : 숨을 마시면서 상체를 들고, 내쉬면서 자세를 푼다.

중급 : 숨을 마시면서 상체를 들고, 항문의 괄약근을 조이면서

숨을 멈추고 참은 다음, 내쉬면서 자세를 푼다.

상급 : 완성된 자세에서 숨을 마시고 멈추는 호흡을 반복한다.

이때 항문의 괄약근을 조이고, 기를 하복부로 내린다.

[효과[

부장가bhujaṅga는 큰 뱀이라는 뜻이다. 이 체위법의 명칭은 이 자세가 뱀이 머리를 든 모양처럼 보이기 때문에 붙여졌다. 그러나 『게란다상히타』에서는 이 체위는 뱀으로 상징되는 쿤달리니를 각성시키고, 몸에 활기를 주어 모든 질환을 없앤다고 한다.

몸 전체를 뒤로 제치고 가슴을 펴고 배를 내미는 자세다. 따라서 자세가 앞으로 굽은 체형과 오래 구부리거나 앉아서 생활하는 사람에게 좋다. 이 체위는 기를 임맥을 따라 하복부로 내리는 효과가 뛰어나다.

이 자세는 가슴을 펴고 횡격막을 아래로 내려서 폐활량을 최대로 늘리기 때문에, 폐 기능을 높이는 가장 뛰어난 체위법이다. 따라서 폐가 약하고 상기되어 생기는 가슴의 통증, 고혈압, 피부 건조, 피부병, 코피, 늑막염, 폐결핵, 마른기침, 갑상선종대, 언어

쇠약, 비듬, 견갑통, 대장질환, 변비, 설사 등에 좋은 효과가 있다.

[주의]

전신 체위와 반대의 효과가 있다. 이 체위법은 기를 내리기 때문에 오래 서서 생활을 하는 사람, 위장 등의 내장이 하수된 사람, 임산부는 많이 하지 않아야 한다.

02

활 체위(dhanura āsana)

[방법]

① 엎드려서 양손으로 발목을 잡는다.

② 머리를 들고 발을 펴듯이 들어올린다.

③ 처음 자세로 돌아온다.

[호흡]

초급 : 숨을 마시면서 상체를 들며 다리를 펴고, 내쉬면서 자세를 푼다.

중급 : 숨을 마시면서 상체를 들며 다리를 펴고, 완성된 자세에서 숨을 멈추고 참은 다음, 내쉬면서 자세를 푼다.

상급 : 완성된 자세에서 숨을 마시고 멈추는 호흡을 반복한다. 이때 기를 배꼽 쪽에 모으려고 한다.

[효과]

다누라dhanura는 활이라는 뜻이다. 이 체위법의 명칭은 이 자세가 활 모양처럼 보이기 때문에 붙여졌다. 그러나 『하타요가프라디피카』에서의 활 체위는 이와 다르다. 여기서의 방법은 앉아서 두 손으로 두 엄지발가락을 잡고, 교대로 귀 쪽으로 당겨서 마치 활을 쏘려고 활시위를 당기는 듯한 자세다. 일반적으로 활 체위는 엎드린 자세의 이 체위법을 말한다.

이 체위법은 앞의 뱀 체위와 비슷하게, 몸 전체를 뒤로 제치고 가슴을 펴고 배에 힘을 주며 내미는 자세다. 따라서 자세가 앞으로 굽은 체형과 오래 구부리거나 앉아서 생활하는 사람에게 좋다. 또한 이 체위는 기를 중초인 배꼽 쪽으로 모아서 진기를 생성하는 효과가 뛰어나다.

이 자세는 배를 내밀어 복부 공간을 확대하기 때문에, 비장 기능을 높이는 가장 뛰어난 체위법이다. 비장은 위장과 더불어 소화흡수를 담당하는 기관이다. 따라서 비장이 약해서 생기는 생각이 너무 많은 것, 신경과민, 식욕부진, 소화불량, 복통, 모든 위장병, 위십이지장 궤양, 위산과다, 설사, 수족냉증, 허약체질 등에 좋은 효과가 있다.

[주의]

쟁기 체위와 반대 효과가 있다. 비위를 강화시켜 살을 찌게 하기 때문에, 비만체질인 경우에는 많이 하지 않는 것이 좋다.

03

메뚜기 체위(śalabha āsana)

[방법]

① 바닥에 엎드려서 두 팔을 펴서 손등을 넓적다리 밑에 댄다.

② 이마를 바닥에 대면서 두 다리와 하체를 든다.

③ 처음 자세로 돌아온다.

[호흡]

초급 : 숨을 마시면서 하체를 들고, 내쉬면서 자세를 푼다.

중급 : 숨을 마시면서 하체를 들고, 항문의 괄약근을 조이면서
　　　숨을 멈추고 참은 다음, 내쉬면서 자세를 푼다.

상급 : 완성된 자세에서 숨을 마시고 멈추는 호흡을 반복한다.
이때 기를 하복부에 모으려고 한다.

[효과]

샬라바śalabha는 메뚜기라는 뜻이다. 이 체위법의 명칭은 이 자세가 메뚜기처럼 보이기 때문에 붙여졌다.

이 체위법은 허리를 뒤로 제친다는 점에서 뱀 체위나 활 체위와 유사하나, 그 각도는 아주 작다. 그러나 아랫배에 힘을 주며 허리의 근육으로 하체를 들어 올리는 매우 어려운 체위법이다. 따라서 하단전에 힘이 없어 허리가 앞으로 굽은 체형과 오래 구부리거나 앉아서 생활하는 사람에게는 앞의 두 체위법과 마찬가지로 좋다.

또한 역상하는 기를 임맥을 따라 강하게 하복부로 모은다. 따라서 기가 역상하여 생기는 상기, 신경성 질환, 신경과민, 불면증, 분노, 어지러움, 눈 충혈, 안구 건조증, 척추측만, 디스크 등에 좋다. 또한 하복부를 확장시켜 음기를 끌어 모으기 때문에,

신장의 음기를 돕는다. 그래서 신음腎陰이 부족해서 생기는 입마름, 미열, 쉽게 잠들지 못하는 것, 손발바닥의 열, 식은땀, 허리와 다리에 힘이 없는 것 등에도 좋다.

[주의]

두 다리를 동시에 들 수가 없는 노인이나 병약자는 한 쪽 다리씩 교대로 드는 연습을 한다. 등펴기 체위와 반대 효과가 있다. 기를 강하게 하복부로 끌어내리기 때문에, 탈항이나 내장이 늘어진 모든 하수증의 질환과 임산부는 하지 않아야 한다. 또한 하복부에 어혈이 있는 대부분의 젊은 여성들은 강하게 하지 말아야 한다.

이상의 세 체위법은 모두 내부의 공간을 확장해서 외부의 기를 받아들이며, 호흡은 주로 마신 상태에서 멈추며, 기를 받아들이는 폐와 비장의 기능을 높이며, 신장의 음기를 돕는다. 상부의 기를 임맥을 통하여 내리는 작용을 한다. 그래서 앞으로 굽고 마른 체형, 앉아서 또는 구부리고 생활하는 사람, 신경을 많이 쓰는 사람, 여자보다는 남자에게 보편적으로 좋다.

04

등펴기 체위(paścimottāna āsana)

[방법]

① 두 다리를 펴고 앉는다.

② 둘째와 셋째 손가락으로 엄지발가락을 잡고, 당기면서
   앞으로 숙인다.

③ 처음 자세로 돌아온다.

[호흡]

초급 : 숨을 마시고 내쉬면서 앞으로 구부리고, 마시며
　　　　일어난다.

중급 : 숨을 마시고 멈춘 상태에서 앞으로 구부리고, 항문의
　　　　괄약근을 조이고 참은 다음, 천천히 내쉬면서 더욱
　　　　구부리며 배를 끌어당기고, 마시면서 일어난다.

상급 : 완성된 자세에서 숨을 마시고 멈추고 내쉬는 호흡을
　　　　반복한다.

[효과]

파쉬치못타나paścimottāna는 등을 펴다라는 뜻이다. 『쉬바상
히타』에서는 이를 준엄좌(ugra āsana)라 하고, 『게란다상히타』에
서는 배를 연못처럼 들어가게 당기기 때문에 연못 무드라(tāḍāgī
mudrā)라고 한다.

앞으로 구부린다는 점에서 앞의 세 체위법과 반대다. 앞으로
구부리고 배를 끌어당기기 때문에, 아랫배가 나오거나 오래 걷거
나 서서 생활하는 사람에게 좋다. 엄지발가락을 당기고 괄약근
을 조이면 다리에서부터 등 뒤 독맥으로 기가 올라간다. 그래서
하기가 되어 생기는 하체의 피로, 위하수처럼 장이 늘어지는 증

상, 하복부의 어혈에 의한 부인과질환, 치질이나 탈항과 같은 대
장질환, 방광염이나 자궁근종과 같은 비뇨생식기 질환, 노화방지
등에 좋다.

메뚜기 체위가 신장의 음기를 돕는데 반해, 이 체위는 하복부
를 수축하여 등 뒤로 양기를 올리기 때문에, 신장의 양기를 돕는
다. 그래서 신양腎陽이 부족하여 생기는 추위를 많이 타는 것, 대
변이 묽은 것, 소변을 자주 보는 것, 유정이나 몽정, 남성의 발기
불능이나 여성의 불감증 등에도 좋다.

『하타요가프라디피카』에서는 '등펴기 체위는 체위 중에서 최상
으로 기를 등의 중심을 관통하고 있는 수슘나를 통과하게 한다.
또한 뱃속의 불을 증대시키고, 허리를 가늘게 하며, 인간의 모든
질병을 없애준다.'고 한다. 『쉬바상히타』에서는 다음과 같이 말한
다.

이 체위는 신경을 강화시키고 육체의 피로를 없앤다. ……
현명한 수행자가 이 훌륭한 체위를 매일 수행하면 기는 반드시 수
슘나 나디로 흘러 들어간다. 이 체위를 항상 수행하는 사람은 모
든 초능력을 얻을 수 있다. 그러므로 요가에 성공하고 싶은 사람
은 열심히 이것을 수행하여 성취해야 한다. 이 방법은 비밀로 해
야 한다. 그리고 아무에게나 함부로 가르쳐 주지 않아야 한다. 이

행법으로 호흡 수행이 완전히 성취되고 고뇌의 격류가 사라진다.

[주의]

메뚜기 체위와 반대의 효과가 있다. 이 체위의 목적은 허리 운동이 아니라, 하체로 흘러 빠져나가는 기를 끌어올리는 것이다. 따라서 많이 구부리기보다는 먼저 발가락을 당겨서 종아리가 펴지게 당기는 것이 중요하다. 반면에 기를 끌어올리기 때문에, 상기가 되서 일어나는 신경성 질환 환자는 많이 하지 않는 것이 좋다.

05

쟁기 체위(hala āsana)

[방법]

① 등을 대고 누워서 손바닥을 바닥에 댄다.

② 다리를 들어서 머리 뒤로 넘긴다. 발은 가능한 머리에서
   멀리 떨어진 바닥에 닿도록 하며, 초보자는 허리에 손을
   받친다.

③ 천천히 처음 자세로 돌아온다.

[호흡]

초급 : 자연스럽게 호흡한다.

중급 : 숨을 길게 내쉬면서 배를 수축한다.

상급 : 완성된 자세에서 항문을 조이고 배를 끌어당기는

　　　반다를 한다.

[효과]

할라hala는 쟁기라는 뜻이다. 이 체위법의 명칭은 이 자세가 쟁기처럼 보이기 때문에 붙여졌다.

등펴기 체위처럼 몸을 앞으로 구부리는 동작이다. 특히 몸을 거꾸로 하여 척추 전체를 구부리고, 흉복부를 압박한다. 그래서 오래 서서 생활하여 눌린 척추의 피로를 풀어주고, 척추를 유연하게 하여 척추의 노화를 방지한다. 배가 나온 비만 체질에 좋다. 목 반다가 자연스럽게 되고, 등 뒤를 늘려서 독맥으로 기를 끌어올리는 효과가 있다.

특히 이 체위는 중초의 비장을 억제한다. 그래서 비장 기능의 항진에 의한 비만, 식사를 많이 하는 것, 신경우둔, 습진, 사지가 무거운 것, 당뇨병 등에 좋다.

[주의]

물리적으로는 활 체위와 반대의 효과가 있다. 비장 기능을 억제하기 때문에, 마르거나 신경이 예민한 사람은 많이 하지 않는 것이 좋다.

06

전신 체위(sarvānga āsana)

[방법]

① 손바닥을 바닥에 대고 눕는다.

② 다리부터 들면서 허리에 손을 받쳐서 거꾸로 선다.

③ 처음 자세로 돌아온다.

[호흡]

초급 : 자연스럽게 호흡한다.

중급 : 숨을 마시면서 항문을 수축한다.

상급 : 완성된 자세에서 항문을 조이고, 배를 끌어당기는

　　　반다를 반복한다.

]효과]

　사르방가sarvānga는 전신을 뜻한다. 이 체위법은 본래 쿤달리

니 요가 행법인 무드라에 속한다. 무드라에서는 이를 역전 무드

라(viparītakaraṇīmudrā)라고 한다.

　거꾸로 서는 효과에 대해서는 물구나무서기에서 설명한다. 이 체위법은 앞으로 구부리기는 하나 등펴기 체위나 쟁기 체위에 비하면 미약하다. 그러나 하체를 하늘로 향하여 거꾸로 서기 때문에, 앞의 두 체위법보다는 하향하는 기를 독맥을 통하여 머리로 올리는 효과가 더욱 뛰어나다. 따라서 앞의 두 체위법의 효과를 한꺼번에 얻을 수 있다. 또한 이 체위를 전신 체위라고 하듯이, 전신에 좋은 영향을 주는 훌륭한 체위다. 특히 직립 생활을 하는 인간에게만 발생되는 모든 질환에 효과가 있다. 이러한 효과는 물구나무서기 체위와 같으나, 이 체위법은 전신에 무리가 가지 않으며, 위험하지 않은 장점이 있다. 또한 이 체위는 기를 끌어올리기 때문에 음기가 아래에 잠복된 여성에게 더욱 좋다. 그래서 이 체위를 체위 중의 여왕이라고도 한다.

　거꾸로 서서 턱을 당겨 목을 막는 자세이기 때문에, 혈액이 가슴으로 몰리고 심장을 압박한다. 이러할 때 오히려 심장은 좋아진다. 따라서 심장이 약해서 오는 뒷목이 뻣뻣한 것, 꿈이 많은 것, 가슴이 답답한 것, 냉증, 불안, 히스테리, 잘 놀라는 것, 두려움이 많은 것, 언어장애, 저혈압, 하복통, 얼굴에 핏기가 없는 것, 류머티즘, 소변불통, 야뇨증, 생리불순, 생리통, 자궁염증, 불임, 자궁위치이상, 대하, 탈항, 신우염 등에 좋다.

[주의]

뱀 체위와 반대의 효과가 있다. 폐가 매우 약하거나, 폐가 약해서 잔기침을 많이 하는 사람은 많이 하지 않아야 한다.

등펴기 체위, 쟁기 체위, 전신 체위는 내부의 공간을 수축하며, 호흡은 주로 내쉰 상태에서 멈추며, 간과 심장의 기능을 높이며, 신장의 양의 기운을 돕는다. 하복부의 기를 독맥을 통하여 올리는 작용을 한다. 그래서 이 세 체위법은 배가 나온 뚱뚱한 체형, 오래 서있거나 서서 생활하는 사람, 육체노동을 많이 하는 사람, 남성보다는 여성에게 보편적으로 좋다.

07

물고기 체위(mātsya āsana)

[방법]

① 연화좌를 하고 눕는다.

② 두 팔을 머리 위로 올려서 손으로 반대편 팔꿈치를
   마주 잡는다.

③ 처음 자세로 돌아온다.

[호흡]

자연스럽게 한다.

[효과]

마트샤mātsya는 물고기를 뜻한다. 이 체위법의 명칭은 이 자세가 물고기처럼 보이기 때문에 붙여졌다.

하타 요가의 달인들은 한 좌법을 취하면 아주 오랫동안 그 자세를 유지한다. 특히 연화좌를 한 상태로 오랫동안 호흡이나 명상을 하는 것은 물론이고, 그 자세로 전신 체위나 물구나무서기를 하기도 한다. 이 물고기 체위는 연화좌로 오래 앉아서 호흡이나 명상을 한 다음에 휴식할 때 하는 체위법이다.

서거나 앉는 자세와 대부분의 많은 체위법들은 척추의 추간판 사이를 압박하는 경우가 많다. 그런데 이 물고기 체위는 압박된 척추 특히 허리의 추간판 사이를 이완시킨다. 구부러진 허리와 움츠러든 가슴을 펴는 효과가 있다. 오랫동안 앉아서 호흡이나 명상을 한 다음에, 또는 등펴기 체위, 쟁기 체위, 전신 체위를 하고 난 다음에 하는 것이 좋다.

[주의]

이 물고기 체위 자세에서 두 손으로 두 엄지발가락을 잡고 머리를 뒤로 제켜서 정수리를 바닥에 대거나, 다리를 펴고 누운 자세에서 두 팔꿈치로 상체를 띄워서 정수리를 바닥에 대는 변형된 물고기 체위를 하기도 한다. 이 변형 체위는 쟁기 체위나 전신 체위를 하고 난 다음에 아주 가볍게 한다. 그러나 그러한 체위는 가슴이나 목이 지나치게 제켜지기 때문에, 척추의 구조상 나쁜 영향을 준다. 지나치면 목 디스크 등의 원인이 되며, 임맥으로 내려가야 할 기가 반대로 역상할 수 있다. 많이 해서는 안 된다.

08

물구나무서기 체위(śīrṣa āsana)

[방법]

① 무릎을 꿇고 앉아서 손깍지를 끼고, 손과 팔꿈치가
  삼각형이 되게 하여 바닥에 댄다.

② 정수리를 바닥에 대고 깍지 낀 손바닥으로 머리를
  감싸듯이 한다.

③ 엉덩이를 들고, 발을 바닥에서 떼면서 거꾸로 선다.

[호흡]

자연스럽게 한다

[효과]

쉬르샤śīrṣa는 머리를 뜻한다. 이 의미대로 하면 머리서기 체위법이라고 해야 하나, 친숙한 물구나무서기라고 하였다. 이 체위법은 전신 체위와 마찬가지로 쿤달리니 요가 행법인 무드라에 속한다. 무드라에서는 이를 역전 무드라라고 한다.

인간은 네발로 걷던 포유동물에서 두 발로 서서 생활하게 진화했다. 그러나 인체의 모든 기관이 직립생활에 적합하도록 완전하게 진화되지는 않았다. 그래서 인간은 직립생활에서 오는 많은 부작용을 안고 살아간다. 예를 들면 척추나 무릎 등의 뼈와 관절 질환, 위하수처럼 내장이 아래로 늘어지고 무력해지는 증상, 혈액 등의 체액의 부조화 등이 이에 해당된다. 인간에게만 발생하는 많은 이러한 질병의 원인은 직립생활 때문이다.

따라서 이러한 인간에게 가장 좋은 운동법은 네발로 걷는 것이다. 이러한 운동법이 곰처럼 걷기[bear walking]며, 기공에서는 호랑이처럼 걷기[호보虎步]라는 것이다. 임산부나 아주 허약한 사람에게 훌륭한 운동법이다. 그러나 일반인이 하기에는 너무나 많은 시간을 필요로 한다. 그래서 짧은 시간에 직립생활의 부작용을 해소하고자 하는 것이 거꾸로 서는 것이다. 거꾸로 서기는 전신 체위와 이 물구나무서기 체위가 있다. 둘의 효과는 비슷한 점도 있으나, 이 물구나무서기 효과가 더욱 강하다. 그래서 이 체위를 체위 중의 왕이라고도 한다.

인간생리의 불균형은 직립생활로 일어나는 단순한 물리적인 것만은 아니다. 생명활동의 원리는 앞서「하타 요가 생리학」에서 말한 바처럼 음과 양의 조화다. 비유하자면 양에 해당하는 불과 음에 해당하는 물이 서로 사귀어야 한다. 그런데 인체에서 불은 심장 쪽인 가슴에 있고, 물은 신장 쪽인 아랫배에 있다. 그래서 서서 생활을 하면, 위로만 올라가는 성질의 불은 더욱 상승하고, 아래로만 내려가는 성질의 물은 더욱 하강한다. 이러한 불합리 때문에 인간은 네발로 걷는 동물보다 약하고 질병이 많다.

그래서 인도의 하타 요가나 중국의 기공의 첫 번째 원리는 물은 위로 올리고 불은 아래로 내리는 것이다. 이렇게 수승화강이 되어야 진기가 생성되고 생명이 조화를 이룬다. 그런데 인도의 선현들은 이러한 수승화강이 거꾸로 섬으로써 쉽게 일어난다는 것을 알았다. 거꾸로 서면 불에 해당하는 심장은 아래에 있게 되고, 물에 해당하는 신장은 위에 있게 되기 때문이다.

더욱이 동양수행의 궁극 목표는 정을 뇌로 돌려보낸다는 환정보뇌還精補腦다. 여기서 정精은 생명의 근본 요소를 말한다. 인간은 이것이 있으므로 살고 없으면 죽는다. 이것은 오장을 비롯해 전신에 있으나, 그 최대의 근원지는 뇌다. 그런데 뇌에 있는 이 정은 끊임없이 아래로 흘러 소모된다. 그래서 죽지 않기 위해서는 이것을 다시 뇌로 돌려보내야 한다. 이러한 가장 원초적인 방법이 거꾸로 서는 것이다. 거꾸로 서면 환정보뇌가 되기 때문이다. 하타 요가 경전에서 거꾸로 서면 죽음을 극복한다고 강조하는 것은 이 때문이다. 『하타요가프라디피카』에서는 이 효과에 대해 다음과 같이 말한다.

신성한 달에서 흘러나오는 불사의 감로를 태양이 모두 마셔버린다. 그렇기 때문에 육체는 노쇠해진다. 태양의 입을 속이는 훌륭한 방법이 있다. ……

배꼽이 위에 입천장이 아래에 있는 자세를 취할 때, 태양은 위에 있고 달은 아래에 있게 된다. ……

이 수련은 날마다 조금씩 늘려 가야한다. 그러면 6개월 후에는 주름과 백발이 없어진다. 매일 3시간 동안 한다면 죽음을 극복할 수 있다.

여기서 달은 뇌이고, 불사의 감로는 생명의 정수精髓를 말한다.

[주의]

효과가 좋은 만큼 위험도 따른다. 좋은 효과만을 생각하여 무리해서는 안 된다. 물론 목 디스크 환자, 고혈압 환자, 머리나 얼굴에 염증이 있는 사람은 하지 말아야 한다. 더욱이 거꾸로 서기가 매우 힘들고, 얼굴이 달아오르고, 가슴이 답답한 사람은 이 체위법을 무리하게 해서는 안 된다. 전문가의 도움을 받으며, 아주 조금씩 늘려가야 한다.

09

사자 체위(siṁha āsana)

[방법]

① 무릎을 꿇고 앉는다.

② 턱을 당기고, 코끝을 바라보며, 입을 크게 벌린다.

③ 숨을 내쉬며 혀를 길게 빼서 가슴에 닿도록 한다.

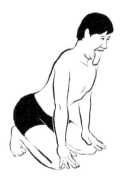

[호흡]

숨을 크게 마시고 길게 내쉬며 혀를 더욱 길게 빼려고 한다.

[효과]

싱하siṁha는 사자를 뜻한다. 이 체위법의 명칭은 이 자세가 사자가 포효하는 것처럼 보이기 때문에 붙여졌다.

먹는 것은 생명을 유지하기 위한 최우선 조건이다. 그래서 모든 짐승의 입은 제일 앞에 나와 있으며, 뇌와 아주 밀접한 관계가 있다. 그래서 입을 크게 벌려 입 주위의 근육이나 신경을 자극하면, 뇌기능이 활성화되고, 심리적으로는 자신감이 생기고, 기분이 상쾌해진다.

한의학에 따르면 입은 비장에 혀는 심장으로 통하는 기관이다. 특히 심장은 혈액순환뿐만이 아니라, 정신작용과도 관계가 있다. 따라서 이렇게 혀를 빼거나 자극하면, 혈액 순환뿐만이 아니라 정신능력도 향상된다. 또한 혀를 길게 빼려고 하면 침샘을 자극하여 침이 많이 나오게 된다. 이렇게 분비되는 침에는 단순히 소화효소만 들어있는 것이 아니라, 노화를 방지하고 암과 같은 모든 질병에 대항하는 면역물질이 들어있다. 『게란다상히타』에서는 이 체위법은 모든 질병을 없앤다고 한다.

[주의[

　우스꽝스러운 동작이지만, 효과가 매우 뛰어나므로 가볍게 여기지 말고 열심히 해야 한다.

10

공작 체위(mayūra āsana)

[방법]

① 무릎을 꿇고 앉아서 두 팔꿈치를 배에 대고, 이마는 바닥에
   대고, 손끝을 다리로 향하게 하여 두 손바닥을 바닥에
   댄다.

② 두 팔에 몸을 의지하며 다리를 편다.

③ 균형을 잡으며 머리와 다리를 들면서 몸을 곧게 편다.

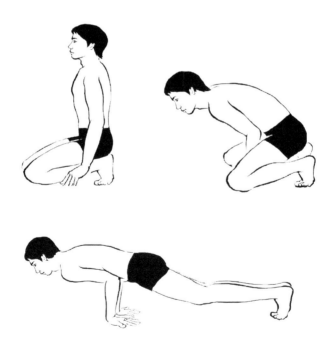

[호흡]

자연스럽게 한다.

[효과]

마유라mayūra는 공작새를 뜻한다. 이 체위법의 명칭은 이 자세가 공작새가 날개를 편 것처럼 보이기 때문에 붙여졌다.

모든 체위법은 기본적으로 몸의 균형을 바로 잡아준다. 대부분 목이나 허리 그리고 골반을 바로 잡는데 뛰어난 효과가 있다. 반면에 두 어깨와 등과 가슴을 바로잡는 체위법은 공작 체위가 가장 뛰어나다. 특히 어깨가 올라갔거나, 좌우 어깨의 높낮이가 다르거나, 가슴이 뒤로 제켜졌거나, 가슴이 지나치게 큰 경우에 이를 바로 잡아주는 가장 훌륭한 체위법은 이것이다. 상체의 비만에 좋다.

또한 가슴을 조이며 배에 힘을 주기 때문에, 상초의 기를 쉽게

중초로 모아서 내부로 응집시킨다. 『하타요가프라디피카』에서는
이 효과에 대해 다음과 같이 말한다.

> 공작 체위는 비장비대 등의 모든 질병을 없애주고, 체질 이상으로
> 생긴 여러 가지 병을 치유한다. 과식한 좋지 못한 음식물을 모두
> 소화시키고, 뱃속의 불을 일으켜서 모든 독성을 중화시킨다.

[주의}

하타 요가를 이완으로만 생각하는 많은 사람들은 상체를 수축
시키는 이 효과를 이해하기 어렵다. 많은 하타 요가 경전에서 매
우 강조하는 중요한 체위법이다. 매우 어려운 동작이나 그만큼
효과도 크다. 특히 여성이 하기에는 대단히 어려운 체위법이나,
연습하는 과정에서 효과를 볼 수 있다. 비만체질 특히 상체의 비
만에는 ①번의 동작만 하고 있어도 좋은 효과를 본다.

11

비틀기 체위(matsyendra āsana)

[방법]

① 먼저 왼쪽 다리를 구부려서 오른쪽 무릎 밖에 세우고,

　오른쪽 다리는 구부려서 왼쪽 대퇴부 아래에 둔다.

② 오른손은 왼쪽 무릎 밖으로 해서 왼쪽 엄지발가락을 잡고,

　왼손은 손등을 등에 댄다.

③ 오른손으로 다리를 밀면서 몸을 왼쪽으로 비튼다.

④ 본래 자세로 돌아온다.

⑤ 반대 자세를 한다.

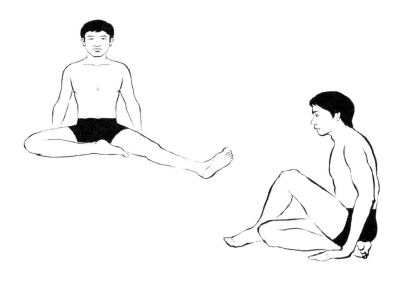

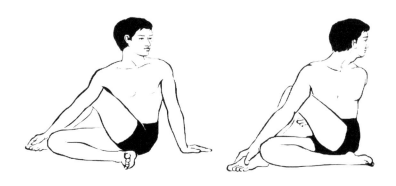

[호흡]

초급 : 숨을 마시고 내쉬면서 비틀고, 마시며 제자리로 온다.

중급 : 숨을 마시고 멈춘 상태에서 비틀고, 참은 다음 천천히
　　　내쉬면서 더욱 비틀고, 마시면서 제자리로 온다.

상급 : 완성된 자세에서 숨을 마시고 멈추고 내쉬는 호흡을
　　　반복한다.

[효과]

맛첸드라matsyendra는 성자의 이름이다. 이 의미대로 하면 성
자 체위라고 해야 하나, 쉬운 용어로 비틀기 체위라고 하였다.

대부분의 인체는 좌우가 똑같지 않고 불균형 상태다. 척추나
골반의 심한 불균형은 직접적으로는 요통과 같은 척추질환을 일
으키고, 나아가서 각종 내장질환과 정신질환의 원인이 되기도 한

다. 이렇게 여러 질환의 원인이 되는 신체의 불균형을 바로 잡아주는 것이 이 체위법이다. 따라서 이 체위는 디스크와 같은 척추질환은 물론이고, 심신이 함께 병든 만성질환에 좋다. 몸이 균형 잡히면 마음도 균형이 잡히기 때문이다. 그래서 이 체위는 삐뚤어진 체형과 체질적인 만성질환에 좋다.

또한 몸통 전체를 빨래 짜듯이 비틀기 때문에, 내장 등을 압박하여 노폐물을 제거하며, 비장 기능을 억제하여 살이 빠진다. 미용으로는 허리를 가늘게 하는 효과가 있을 뿐만이 아니라, 균형 잡힌 몸매를 만드는 효과도 뛰어나다. 『하타요가프라디피카』에서는 '이 체위는 뱃속의 불을 일으키는데, 이것은 무서운 모든 질병들을 없애는 무기다. 매일 수행하면 쿤달리니를 각성시키고, 달을 안정시킨다.'라고 한다. 여기서 달은 뇌척추를 의미하고, 이 달이 안정된다는 것은 생명력이 손실되지 않는다는 의미다.

[주의]
좌우가 균형 잡히도록 잘되는 쪽은 가볍게 하고, 안 되는 쪽은 강하게 반복한다. 마른 사람은 많이 하지 않는 것이 좋다.

12

영웅좌(vīra āsana)

[방법]

① 오른 쪽 다리를 구부리고, 그 위에 왼쪽 다리를 구부려

오른쪽 다리 위에 놓는다.

② 오른 손을 놓고, 그 위에 왼 손을 포개어 놓는다.

③ 허리를 곧게 펴고, 턱을 당기고, 눈은 코끝을 보고,

혀는 윗잇몸에 댄다.

[효과]

비라vīra는 영웅英雄을 뜻한다. 이 의미대로 영웅좌라고 한다. 일반적으로 반가부좌라고도 한다.

본래 아사나(체위법)라는 의미는 앉는 법이라고 하였다. 이 체위법과 다음에 설명하는 두 가지 체위법은 앉는 좌법에 관한 것이다. 그래서 체위법이라 하지 않고 앉는 법이라는 의미의 좌坐라고 한다. 어느 좌법이든 최소 한 시간 정도는 편안하게 유지할 수 있어야 한다. 이 좌법은 쉽기 때문에, 초보자에게 적합하다.

[주의]

골반이 삐뚤어진 경우에는 골반을 바로 잡기 위해서 처진 골반 쪽의 다리를 위에 놓는다. 처진 골반을 모를 경우에는 좌우를 교대로 해보아서 불편한 좌법으로 앉으면 된다.

13

연화좌(padma āsana)

[방법]

① 왼쪽 대퇴부 위에 오른발을 놓고, 오른쪽 대퇴부 위에
   왼발을 놓는다.

② 교차된 발목 위에 오른손을 놓고 그 위에 다시 왼손을
   포개 놓는다.

③ 허리를 곧게 펴고, 턱을 당기고, 눈은 코끝을 보고, 혀는
   윗잇몸에 댄다.

[효과]

파드마padma는 연꽃을 뜻한다. 이 연꽃 자세를 한자로 연화좌蓮華坐라고 한다. 일반적으로 결가부좌라고도 한다.

이 좌법은 인체의 주춧돌과 대들보와 같은 골반과 척추를 바로 잡아주는 효과가 뛰어나다. 이렇게 육체가 균형이 잡히면 심신의 모든 질병이 없어진다. 그래서 요가 경전에서는 이 좌법을 질병의 파괴자라고 한다. 이 좌법은 기가 안정되고 인내와 집중력이 생긴다. 호흡 수련을 하는 데에 아주 좋은 좌법이다. 『하타요가프라디피카』에서는 이렇게 말한다.

연화좌를 한 상태에서 두 손을 포개 놓고, ……

반복하여 아파나를 위로 끌어올리고 흡입한 프라나를 아래쪽으로 내리면, 수행자는 샥티의 도움을 얻어 최고의 깨달음을 얻는다. 만약 수행자가 연화좌를 유지하고 수슘나 나디를 통해 기를 끌어올려 유지할 수 있다면, 해탈한다. 이에 대해서는 의심할 여지가 없다.

[주의]

이 연화좌도 영웅좌처럼 골반의 상태에 따라서 좌우 발을 바꾸어 놓을 수 있다. 골반이 틀어진 경우에는 반드시 한쪽이 잘되지 않는다. 골반을 바로 잡는 방법은 좌우를 교대로 해보아서 잘되지 않는 방법으로 앉는 것이다.

14

달인좌(siddha āsana)

[방법]

① 왼쪽 발뒤꿈치를 회음에 대고, 오른쪽 발뒤꿈치가
   왼발뒤꿈치와 일직선이 되게 왼발 위 또는 성기 위에
   놓는다.

② 두 팔을 펴서 손등을 무릎 위에 놓고, 엄지와 인지를
   가볍게 붙인다.

③ 허리를 곧게 펴고, 턱을 당기고, 눈은 미간을 응시하고,
   혀는 목구멍 깊숙이 밀어 넣는다.

[효과]

싯다siddha는 어떠한 목적을 달성했다는 의미가 있다. 그래서 이 좌법을 달인좌達人坐라고 한다. 이 좌법의 이름이 상징하듯이, 이 좌법은 깨달음을 얻고자 할 때, 또는 깨달음을 얻고 난 다음에 취하는 좌법이다. 그래서 이 좌법을 해탈좌(解脫坐, mukta āsana)라고도 하고, 금강좌(金剛坐, vajra āsana)라고도 한다. 불상의 대부분은 이 좌법으로 조성되어 있다.

발뒤꿈치로 항문과 성기 사이에 있는 회음혈, 즉 물라다라 차크라를 누르기 때문에 하향하는 아파나를 끌어올리고, 기가 새어나가는 것을 막고, 잠자는 쿤달리니를 자극한다. 그 때문에 정신이 맑아지고, 지혜가 생기고, 쿤달리니를 각성시킬 수 있다. 연화좌가 호흡 수행에 적합하다면, 이 좌법은 명상 수행에 적합하다. 대부분의 요가 경전에서는 이 좌법이 체위법 중에서 최고라고 한다.

『쉬바상히타』에서는 '이것에 의해 윤회의 세계를 뛰어넘는 지고한 경지에 도달한다. 지상에서 이것을 능가하는 신비한 체위법은 없다. 이 좌법을 생각하는 것만으로도 요가행자는 죄업에서 해방된다.'고 한다. 『하타 요가프라디피카』에서는 이렇게 말한다.

84가지 체위 중에서 달인좌는 항상 해야 한다. 그것은 72,000개의 나디를 청소하기 때문이다. 달인좌가 완전히 성취됐을 때는 다른 많은 체위법은 필요없다. ……

이와 같이 달인좌만 완전히 성취하면, 세 가지 반다도 노력 없이 저절로 일어난다. 달인좌에 견줄 만한 체위법은 없다.

[주의]

주의할 것은 왼발의 뒤꿈치가 반드시 항문과 성기 사이의 회음혈을 누르고 있어야 한다. 왼발이 오른쪽 다리 밑에 놓이고, 오른발을 왼쪽 넓적다리 위에 놓는 영웅좌와 같아서는 안 된다. 여성은 이 좌법이 잘되지 않을 수도 있다. 발뒤꿈치를 항문 가까이 댄다.

15

송장 체위(śava āsana)

[방법]

요가 수행을 마치고, 누워서 모든 긴장을 풀고 쉰다.

[효과]

샤바śava는 죽은 사람을 뜻한다. 이 체위법의 명칭은 이 자세가 누워 있는 송장처럼 보이기 때문에 붙여졌다.

요가 수행에 의한 피로를 제거하고, 마음의 긴장을 풀어 준다.

[주의]

요가 수행을 마치고 잠시 이렇게 휴식을 취하는 것은 좋다. 그러나 너무 오래 누워있거나 잠이 들지 않도록 해야 한다. 오래 누워있는 것은 수행에 장애가 된다. 수행에서 누워서 자지 않는 장좌불와를 중요시하는 것은 이 때문이다. 가급적이면 호흡이나 명상을 마친 앉은 자세에서 휴식을 취하는 것이 좋다.

호흡법
예비지식과 반다

호흡법 예비지식과 반다

1. 호흡과 생명관계

음식을 안 먹어도 며칠을 살 수 있으나, 호흡을 안 하면 몇 분만에 죽는다. 이는 호흡이 음식보다 더욱 중요한 생명요소라는 것이다. 이처럼 인간뿐만이 아니라, 모든 생명체가 생명을 유지하는 최고의 필수조건은 호흡이다.

더욱이 호흡은 단순히 생명을 유지하기 위한 산소와 이산화탄소의 교환 작용만하는 것이 아니다. 동양의학적으로는 우주에 가득 차 있는 생명력을 받아들이는 작용이다. 그래서 요가 경전에서는 이러한 생명력인 프라나[기가 몸 안에 머무는 동안은 살 수 있고 몸을 떠나면 죽는다고 한다.

그래서 호흡 수련으로 수명도 늘릴 수 있다. 인도나 중국 의학에 따르면, 모든 생명체는 평생 동안에 할 수 있는 호흡 숫자가 정해져 있다. 따라서 그 할당된 호흡 수가 다 채워지면 죽는다. 생물학적으로도 호흡을 빨리하는 동물은 수명이 짧고, 호흡을 느리게 하는 동물은 수명이 길다. 이러한 의학이론에 따른다면, 하타 요가의 완전 호흡법과 같은 호흡 수행으로 호흡이 길어지면, 생명 또한 길어진다는 것은 당연하다.

또한 호흡법으로 심신을 바꿀 수 있다. 인간은 자기의지대로 사는 것처럼 보이지만, 근원적인 생명활동은 거의 본능인 자율신경 작용에 의한다. 예를 들면 나의 의지와 상관없이 심장의 박동이 자율적으로 작동하는 것처럼, 인간의 몸과 마음 모두 자율신경의 지배를 받는다. 이런 점에서 본다면, 내 몸과 마음도 내 마음대로 할 수 없다. 그러나 오장육부 중에서 자율신경의 지배를 받으면서도 유일하게 의지의 지배를 받는 기관이 있다. 이것이 폐의 작용 즉 호흡작용이다. 심장의 박동은 마음대로 할 수 없으나, 호흡은 빠르게도 느리게도 할 수 있기 때문이다.

그런데 호흡의 속도나 강약에 따라서 심장의 작용도 호흡에 따라서 변한다. 심장뿐만이 아니라 인간의 모든 육체적 작용은 물론이고, 심리적 작용도 호흡에 따라서 변한다. 요가 경전에서도 호흡에 따라 마음이 움직인다고 한다. 따라서 인간의 몸과 마음 더 나아가 성격이나 운명 등을 바꿀 수 있는 것이 있다면, 그것은 호흡에 의해서 가능하다. 이러한 원리에 근거한 수행법이 호흡법이다.

더욱이 호흡법으로 악업도 소멸시킬 수 있다. 인도 종교철학에서 인간은 윤회전생하며 쌓아온 업에 의해서 살아간다. 그런데 하타 요가 생리학에 따르면, 인간의 업에 의한 생명활동을 가능케 하는 것이 호흡이다. 그래서 호흡법으로 업을 바꿀 수 있다는 것이다. 다시 말하면 우주는 프라나로 이루어졌고, 인간도 이 프라나로 이루어진 소우주이고, 선악의 업 또한 프라나로 이루어진 것이다. 따라서 프라나의 통제인 프라나야마 즉, 호흡법에 의해서 생명은 물론이고 업도 통제할 수 있다는 것이다. 그래서 많은 하타 요가 경전에서 호흡 수행에 의해서 모든 업을 소멸시켜 해탈할 수 있다고 한다.

2. 호흡법 특징

호흡을 의미하는 인도어 프라나prāṇa는 본래 내쉬는 숨을 뜻한다. 그러나 이 말은 곧 인간 생명력이라는 의미가 되고, 더 나아가 우주 생명력이라는 의미로 확대되었다. 인간이 호흡으로 생명을 유지하는 것처럼, 우주도 그러한 생명력이 있을 것으로 유추하여 우주 생명력이라는 의미로 확대된 것이다.

　이러한 변화는 그리스 철학에서 뉴마pneuma나 중국 철학에서 기氣의 개념과도 같다. 이 두 개념 역시 호흡을 의미하던 것이 우주 생명력으로 확대되었다. 이처럼 동서양의 철학에서 숨을 쉰다는 것은 한 개체의 생명활동이면서 동시에 우주 생명력을 받아들이는 것이다. 이러한 사상을 바탕으로 형성된 사상이 인도의 하타 요가이고 중국의 기공이다.

　하타 요가의 호흡법이라는 의미의 인도어 프라나야마prāṇāyā-ma라는 글자를 분석하면, 내쉬는 숨이라는 의미의 프라나prāṇa와 연장 또는 막는다는 의미의 아야마āyāma의 결합어다. 그래서 이 말의 원초적 의미는 '내쉬는 숨을 길게 한다.' 또는 '숨을 막고 오래 참는다'는 의미가 있다. 이 호흡법과 같은 의미로 사용되는 쿰바카kumbhaka는 항아리처럼이라는 의미다. 즉 항아리에 물을 담아놓듯이, 몸 안에 프라나를 가득히 채워놓는다는 의미다. 이 말에도 호흡을 멈춘다는 의미가 담겨 있다. 그래서 하타 요가의 호흡법이라는 의미에는 마쉬는 숨보다 내쉬는 숨이 길며, 호흡을 오래 참는 수행이라는 것을 알 수 있다.

　이러한 고행적인 하타 요가의 호흡법은 단순히 심신의 안정이나 기혈순환을 돕고자 하는 것만은 아니다. 이 호흡법은 우주 생명력을 내 안에 간직하는 것이며, 인간에 잠재된 신성인 쿤달리니를 깨우고, 우주와 교감하는 것이다. 그래서『게란다상히타』에서는 '호흡 수행을 하는 것만으로도 신과 동등해질 수 있다.'고 한다.

이러한 호흡법은 모두 11종류가 있다. 이 중에서 결합 호흡과 기도청소 호흡은 경전에 따라 명칭이 다를 뿐이지 실제의 행법은 같다. 여기서는 이 두 호흡법을 교호 호흡이라 하였다. 태양관통 호흡, 싯소리 호흡, 냉각 호흡은 우리 기후에 맞지 않는 호흡법이다. 벌소리 호흡, 자아상실 호흡, 부상 호흡은 명상이거나, 다른 호흡법의 부분적인 내용으로 중요하지 않다.

실제의 수련에서 중요한 호흡법은 승리 호흡, 교호 호흡, 풀무 호흡, 완전 호흡이다. 그러나 초보자들에게는 이러한 호흡법들을 바로 실행하기에는 너무 어렵다. 그래서 호흡법에는 포함되지 않으나 예비 연습으로 복식 호흡과 정뇌 호흡을 소개한다.

3. 호흡법 원리

앞의「호흡법 특징」에서 본 바처럼, 하타 요가의 호흡법은 길게 내쉰다거나 오래 참고 견디는 방법이다. 하타 요가의 호흡법이 이렇게 고행적인 까닭은 다음과 같은 생리학적인 원리에 근거하기 때문이다.

첫째, 진기를 생성해야 한다. 호흡은 생명을 유지하기 위한 필수조건이다. 그러나 인도나 중국의학에 따르면, 흡입한 공기 그 자체가 바로 생명의 근원이 되는 것은 아니다. 폐의 호흡작용은 외부에 있는 기를 인체 내부로 모으는 것이다. 이 기를 받아들여서 생명의 근원이 되는 기를 생성하는 것은 신장이고, 이 기가 생성되는 곳이 배꼽 뒤 두 신장 사이다. 이 기를 한의학에서는 진정한 생명의 원천이라는 의미로 진기라고 한다.

이러한 원리를 하타 요가에서는 가슴의 프라나와 하복부의 아파나가 배꼽에서 만나서 뱃속의 불을 생성한다고 표현한다. 중국 기공에서는 아랫배의 물은 올리고 가슴의 불은 내리는 수승화강이라고 한다. 이렇게 물인 아파나를 끌어올리고 불인 프라나를 끌어내려 배꼽 쪽에서 결합해야 진기가 생성된다. 이 상하의 두 기를 올리고 내리는 작용을 주관하는 것이 폐의 작용이다. 그래서 호흡법은 두 기를 결합하기 위해 숨을 마시고 멈추는 것을 기본으로 하고, 가슴에 있는 불인 프라나는 배꼽까지 잘 내려가지 않기 때문에, 가슴에 있는 기를 내리기 위해 마시는 숨보다는 내쉬는 숨을 길게 해야 한다.

둘째, 기를 앞뒤로 돌려야 한다. 이렇게 생성된 진기는 기의 운행 통로인 경맥을 따라 흐르면서 전신을 자양한다. 때로는 기가 부족한 오장육부를 보충하기도 하고, 사기邪氣를 몰아내기도 한다. 그러나 기는 이렇게 심신을 바르게만 하는 것은 아니다. 때로는 한 곳으로 편중되어 심신의 균형이 깨지기도 하고, 필요 없는 에너지로 전환되어 소모되기도 한다. 그래서 의도적으로 심신의 균형을 잡고, 뇌에 정精으로 보관해야 한다.

이렇게 하기 위해서는 생성된 진기를 앞뒤로 돌려야 한다. 이 분야에 대해서는 「하타 요가 생리학」에서 언급하였다. 간단히 요약하면, 인체의 앞으로 흐르는 임맥으로 내리고, 인체의 뒤로 흐르는 독맥으로 올려야 한다. 그러면 진기는 더욱 많이 생성되고, 오장육부가 평형을 이룬다. 또한 독맥의 일부가 뇌로 들어가서 진기를 뇌수로 저장한다. 이때 뇌에서부터 호르몬과 뇌파의 변화와 더불어 의식의 변화가 일어나며, 심신이 바뀌게 된다.

셋째, 쿤달리니를 각성시켜야 한다. 호흡 수련으로 진기를 생성하고, 이것을 앞뒤로 돌려야 한다고 하였다. 이것을 선도에서는 소주천 공법이라 한다. 이렇게 반복하여 전신에 기가 충만해지면, 진기는 회음에서 척추 속 수슘나 나디로 들어간다. 이것이 하타 요가로 도달해야 하는 목적 중의 하나인 쿤달리니 각성이다. 쿤달리니가 오르는 이 수슘나 나디를 한의학에서 충맥衝脈이라 하는데, 선도에서도 이 충맥이야말로 궁극적으로 소통시켜야 할 최후의 관문으로 본다. 이 수련을 대주천 공법이라 한다.

이러한 단계인 쿤달리니 요가는 높은 수준의 하타 요가이기 때문에, 여기서 언급하는 하타 요가에 포함시키지 않았다. 여기에 관심이 있는 열렬 수행자라면 졸저『쿤달리니요가』와『도교호흡수련』을 참고하기 바란다.

넷째, 반다를 해야 한다. 호흡에 의해서 진기를 생성하고, 이것을 앞뒤로 돌리고, 쿤달리니를 각성하기 위해서는 반다를 해야 한다. 반다bandha란 '묶다' 또는 '연결하다'는 뜻이다. 이 의미는 몸통을 하나의 항아리와 같은 용기로 비유하고, 그 속에 프라나[기]를 담고서 구멍을 막는다는 의미다. 또는 몸 안의 기를 상호소통하게 연결한다는 의미도 있다. 따라서 호흡을 멈추고 반다를 하지 않는 호흡 수련은 항아리 구멍을 막지 않고 물을 담는 것과 같다. 그래서 반다를 하지 않는 호흡은 호흡법[프라나야마 혹은 쿰바카]이라고도 하지 않는다.

4. 호흡법 주의사항

호흡 수련은 효과가 좋은 만큼 위험도 따른다. 가볍게 할 때는 상관없으나, 전문적으로 할 때는 스승의 지도가 필요하다. 그리고 다음과 같은 사항을 반드시 유념해야 한다.

첫째, 남녀가 다르다. 남자와 여자는 생리적으로 다른데, 특히 사춘기부터 오십 세 전후까지가 심하다. 이때의 대부분의 남자는 기가 올라가서 상체에 많고 또한 상기가 잘된다. 반면에 여자는 기가 내려가서 하체에 많고 또한 하기가 잘된다. 그래서 남자는 숨을 마실 때나 멈출 때 흉식 호흡처럼 되지 않도록 하며, 내쉴 때는 기가 하복부로 충분히 내려가 쌓이도록 해야 한다. 반면에 여자는 숨을 마실 때나 멈출 때 항문 반다를 하여 약간 올리듯이 하고, 내쉴 때는 아랫배를 힘주어 내밀지 않도록 해야 한다.

둘째, 호흡 수련에는 단계가 있다. 호흡 수련을 처음 시작하는 초급 단계에서는 통증이 있다. 주로 머리가 아프고, 얻어맞은 것처럼 몽롱해지고, 어지럽고, 땀이 나고, 몸이 저리고, 사지가 비틀리기도 한다. 대부분의 이런 증상은 막혔던 기혈이 뚫리면서 일어나는 초기 증상이다.

중급 단계에서는 몸에 진동이 온다. 몸통이나 팔다리를 흔들고, 상하로 진동하고, 춤을 추기도 한다. 또는 내면에서 빛이 보이기도 하고, 종소리 등이 들리기도 하고, 울거나 웃기도 한다. 이런 현상은 기혈이 돌고 내면의식이 변화되는 과정에서 일어나는 것이다.

셋째, 부작용이 있다. 상기가 되면, 얼굴이 붉어지고, 눈이 충혈되고, 머리가 아프고, 초조하고, 잠이 안 오고, 소화가 안 되고, 변비가 되고, 손발이 차지고, 허리가 아프기도 한다. 이때에는 산책을 하거나, 뱀 체위, 활 체위, 메뚜기 체위를 하고, 숨을 길게 내쉬면서 하복부로 기를 내린다.

반면에 하기가 되면 얼굴이 창백해지고, 어지럽고, 춥고, 우울하고, 힘이 없어지고, 어깨 견정혈과 허리 신유혈 쪽이 아프기도 하고, 심하면 내장이 하수되거나 탈항이 되기도 한다. 이때에는 누워서 쉬거나, 등펴기 체위, 전신 체위, 물구나무서기 체위를 하거나, 항문 반다와 복부 반다를 하여 기를 끌어올린다.

넷째, 기타 주의사항이 있다. 호흡법 주의사항은 「체위법 주의사항」도 함께 준수해야 한다. 한번 시작하면 30분 이상 하는 것이 좋다. 다음은 호흡 수련은 새벽과 오전에 해야 효과가 뛰어나며, 부작용도 적다.

05

항문 반다(mūla bandha)

[방법]

숨을 마시면서 또는 멈춘 상태에서 항문의 괄약근을 조인다. 발꿈치로 회음혈을 누르고 앉은 자세, 즉 달인좌에서 이 반다를 하면 더욱 효과적이다.

[효과]

물라mūla는 밑바닥이라는 뜻이다. 이 반다는 생명 에너지가 아래로 새어나가는 구멍을 막는다는 의미가 있다.

하타 요가 생리학으로 보면, 항상 아래로 내려가는 성향을 가진 아파나를 위로 끌어올린다는 의미가 있다. 또한 이 기를 끌어올려서 가슴에 있는 프라나와 결합하여 뱃속의 불을 일으키기 위한 것이다. 궁극적으로는 회음[물라다라 차크라]에서 잠자고 있는 쿤달리니를 각성시켜서 수슘나 나디 속으로 들어가게 하는 행법이다.

한의학적으로도 아래로 하기되는 기를 위로 올리는 효과가 있다. 또한 임맥과 독맥 그리고 충맥이 이 반다에 의해서 결합된다. 일반적으로 항문 주위의 질병과 남녀 모두의 비뇨생식기 질환을 예방하고 치료한다. 또한 기가 하기되어서 일어나는 모든 증상과 노화 방지에 좋다. 『하타요가프라디피카』에서는 이렇게 말한다.

> 항문 반다를 끊임없이 수행하여 아파나와 프라나가 결합하면, 대소변이 감소하고 늙은이도 젊어진다. 아파나가 올라가서 배꼽에 이르면, 그곳의 불꽃이 아파나의 영향을 받아서 길게 퍼진다. 아파나와 그 불이 본래 뜨거운 성질의 프라나와 결합하면, 몸 안의 열은 대단히 강렬해진다. 이 뜨거운 열 때문에 잠자고 있던 쿤달리니가 눈을 뜨고, 채찍을 맞은 뱀처럼 쉿 소리를 내면서 일어난다. 그러면 뱀이 굴에 들어가듯이, 쿤달리니는 수슘나 속으로 들어간다. 그러므로 요가행자는 언제나 이 항문 반다를 수련해야 한다.

[주의]

이 반다가 되지 않으면 높은 단계의 하타 요가를 할 수 없다. 초보자는 호흡과 관계없이 연습한다. 등펴기 체위와 전신 체위에서 연습하면 효과가 좋다. 익숙해지면 항문의 괄약근을 조이면서 요도나 성기의 괄약근도 함께 조여지도록 한다.

06

목 반다(jālaṁdhara bandha)

[방법]

턱을 당겨서 목을 수축시키며 가슴에 꽉 붙인다. 이때 혀를 입
천장에 붙이면 더욱 좋다.

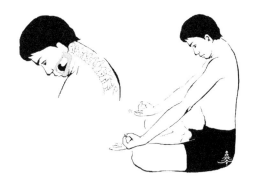

[효과]

잘람다라jālaṁdhara는 목에 있는 맥관이라는 뜻이다. 이 반다
는 머리와 몸으로 연결되는 목을 조임으로 기의 흐름을 조절한
다는 의미가 있다.

하타 요가 생리학으로 보면, 항상 위로 올라가는 성향을 가진
프라나를 아래로 끌어내림으로써 생명의 안정을 주고, 아파나 기
와 결합하여 뱃속의 불을 일으킨다. 또한 달[뇌]에서 분비되는 불

사의 감로가 소비되는 것을 막는다. 현대의학으로 보면 목에 있는 갑상선 기능을 조절한다.

한의학적으로 보면, 기경팔맥인 임맥과 독맥은 기가 흐르는 방향이 일정하지 않다. 생명을 온전히 하기 위해서는 임맥은 아래로, 독맥은 위로 흘러야 한다. 이 반다는 임맥과 독맥의 흐름을 바르게 하여 기의 역상을 방지한다. 또한 목 뒤의 척추 속으로 흐르는 수슘나 나디, 즉 충맥의 길을 열어준다.

『쉬바상히타』에서는 이 반다는 신조차도 얻기 어려운 수행법이라고 한다.『게란다상히타』에서는 6개월간 이것을 수행한 사람은 틀림없는 달인이 된다고 한다. 여기서 달인은 요가에 성공한 사람을 의미한다.『하타요가프라디피카』에서는 이렇게 말한다.

> 이 목 반다로 늙음과 죽음을 극복한다. 이것은 감로가 아래로 흐르는 모든 나디의 통로를 막기 때문에, 목 반다라고 한다. 이 반다는 목의 모든 질병을 없애준다. 목을 수축시키는 반다를 수행하면, 불사의 감로는 소화의 불 속으로 떨어지지 않고, 기는 흐트러지지 않는다. 목을 수축함으로써 이다와 핑갈라 두 나디는 완전히 통제된다. 목에는 중앙 차크라가 있기 때문에, 이 반다는 16부위에 대한 반다가 된다.

[주의]

단순히 머리만 숙이는 것이 아니다. 반드시 턱을 바짝 당기며 머리를 숙여야 한다. 쟁기 체위와 전신 체위를 할 때 연습하면 효과가 좋다.

복부 반다(uḍḍhīyāna bandha)

[방법]

숨을 마신 상태에서 늑골을 확장시키며, 복부를 위로 끌어올린다. 앉은 자세에서 두 손으로 무릎을 누르면서 복부를 끌어올리면 효과가 좋다.

[효과]

우디야나uḍḍhīyāna는 '위로 날다'라는 뜻이다. 이 반다는 몸통에 있는 기를 머리로 끌어올린다는 의미가 있다.

하타 요가의 순서는 첫째, 진기를 생성하고, 둘째, 그 기를 앞뒤로 돌리고, 셋째, 기를 뇌 속으로 올리는 것이다. 이 마지막 단계가 이 복부 반다로 수슘나 나디를 통해서 기를 머릿속으로 올리는 것이다.

직립생활을 하는 인간의 내장은 아래로 늘어지는데, 이 반다에 의해서 늘어진 내장을 끌어올리는 효과가 있다. 그래서 노화와 함께 오는 장의 무력증이나 하수증 그리고 하복부의 어혈에 의한 부인과 질환에도 좋다. 『하타요가프라디피카』에서는 이 반다의 효과에 대해서 다음과 같이 말한다.

이 반다에 의해서 기가 끊임없이 위로 오르기 때문에 우디야나라고 한다. ……

스승의 가르침에 따라 열심히 수행하여 복부 반다가 자연스럽게 일어날 수 있도록 해야 한다. 그러면 비록 늙었을지라도 다시 젊어진다. ……

이 무드라를 6개월 간 수행하면 틀림없이 죽음을 극복한다. 복부 반다는 모든 반다 가운데 최고의 반다다. 이 반다에 통달하면 해탈은 저절로 이루어진다.

[주의]

매우 어려운 행법이다. 초보자는 서서 무릎을 약간 구부리고, 두손으로 무릎을 누른 자세에서 연습한다. 배를 등으로 끌어당기는 것이 아니라, 가슴 쪽으로 끌어올리는 것이다. 숨을 내쉬면서 또는 내쉰 상태에서 배를 당기는 것은 정화법 중의 하나인 나울리다. 이 반다는 숨을 마신 상태에서 하는 것이기 때문에, 나울리와는 다르다. 그러나 초보자는 숨을 내쉰 상태에서 연습을 하는 것이 쉽다.

이상의 세 반다를 동시에 할 수 있다. 요가 경전에서는 세 반다가 동시에 될 때가 최고의 반다라고 하며, 하타 요가 수행의 완성이라고 한다.

호흡법

호흡법

1. 복식 호흡과 정뇌 호흡

다음 두 가지 호흡법은 하타 요가 경전에서 호흡법으로 소개된 것이 아니다. 중국의 전통 기공에도 없는 호흡법이다. 이 두 호흡법은 숨을 멈추거나 반다를 하지 않기 때문에 정식 호흡법[프라나야마 혹은 쿰바카]에 포함되지 않는다. 그럼에도 여기에 기초 호흡법으로 소개하는 까닭은 이 호흡법이 되어야 다음 단계의 호흡법을 잘 할 수 있기 때문이다. 초보자는 이 호흡법이 익숙해질 때까지 연습해야 한다.

복식 호흡

[방법]

① 편안한 좌법으로 앉는다.

② 숨을 마실 때 배가 나오고, 내쉴 때 배가 들어가게
   호흡한다.

[효과]

복식腹式 호흡이란 배[복腹]로 하는 호흡이라는 뜻이다. 가슴을 움직여서 숨을 쉬는 흉식 호흡과 반대다. 복식 호흡은 배를 움직여서 횡격막이 상하로 움직이게 하는 호흡이다.

이 호흡은 공기가 폐의 아랫부분까지 들어가서 폐활량이 커지고, 모든 내장 운동이 활발하여 소화 흡수 배설 작용 등이 원활해진다.

[주의]

아주 초보자는 마실 때 허리를 펴고 내쉴 때 허리를 숙이며 연습한다. 비만이나 노화로 배가 움직이지 않는 사람은 숨을 내쉴 때 배가 들어가는 연습부터 한다.

1-2

정뇌 호흡(kapālabhāti śodhana)

[방법]

① 편안한 좌법으로 앉는다.

② 숨을 마실 때 배가 나오고 내쉴 때 배가 들어가게
    호흡한다.

③ 속도를 빠르게 마시고 내쉬어서 일 초에 한 번 정도가
    되도록 한다.

[효과]

카팔라바티 쇼다나kapālabhāti śodhana는 머리를 맑게 청소한다
는 뜻이라서 한자로 정뇌淨腦라 하였다. 이 호흡법은 하타 요가
정화법 중의 하나다.

이 호흡은 복식 호흡을 빠르게 하는 것이기 때문에, 복식 호
흡의 효과를 더욱 증대시킨다. 산소와 이산화탄소의 교환작용이
활발하게 일어나고, 기관지와 폐에 쌓였던 노폐물이 제거되고,
폐활량이 증가하고, 목소리가 커지고, 전신의 혈액순환이 활발해
진다.

특히 뇌 쪽의 혈액순환이 왕성해져서 머리가 맑아질 뿐만이

아니라, 정신적으로는 산란한 마음이 없어지는 뛰어난 효과가 있다. 그래서 탐욕이나 분노 등이 일어날 때, 이 호흡을 하면 그러한 망념은 빠르게 제거된다. 명상이 안 될 때나, 정신질환을 앓고 있는 사람에게도 매우 좋다.

[주의}

초보자는 대단히 어지럽고, 때로는 정신을 잃고 쓰러지는 경우도 있다. 그 원인은 뇌의 혈액순환이 갑자기 빠르게 일어나기 때문에 나타나는 현상이다. 크게 두려워하지 않아도 된다.

02

승리 호흡(ujjāyīkumbhaka)

[방법]

① 좌법의 하나로 앉는다.

② 항문을 조이는 항문 반다를 하고, 숨을 마시면서 등 뒤
독맥으로 기를 끌어올린다.

③ 숨을 가득히 마시고 멈춘 상태에서 혀를 입천장에 붙이고,
턱을 당기는 목 반다를 하고, 코끝을 응시하고,
기를 이마에 모은다.

④ 내쉬기 직전에 배를 끌어당기는 복부 반다를 한다.

⑤ 내쉴 때는 세 반다를 풀고, 천천히 배 쪽 임맥으로
기를 내려 아랫배에 모은다.

⑥ 숨을 마시고 멈추고 내쉬는 비율은 1:4:2 정도가
되도록 한다.

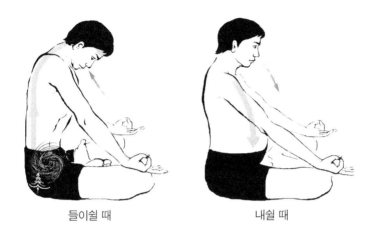

들이쉴 때   내쉴 때

[효과]

웃자이ujjāyī는 승리라는 뜻이다. 이 호흡법으로 하타 요가의 승리자가 된다는 의미다. 하타 요가의 모든 호흡법은 이 승리 호흡의 원리에 근거한다.

모든 호흡법의 원리란 숨을 마시면서 뒤로 올리고 내쉬면서 앞으로 내리는 것이다. 그러면 아파나가 오르고 프라나가 내려와서 뱃속의 불이 일어난다. 즉 수승화강에 의해서 진기가 생성된다. 다음은 항문 반다를 하며 마시고, 목 반다를 하며 멈추고, 복부 반다를 하며 기를 강하게 끌어올리고, 내쉬면서 아랫배에 내려놓듯이 모은다. 그러면 기가 몸 전체를 돌아서 심신의 균형이 잡힌다.

이러한 호흡법은 중국 기공의 소주천 공법과 거의 동일한 방법이다. 일반적으로 단전 호흡이라는 것도 궁극적으로는 이 호흡법의 원리에 따른다. 복식 호흡이나 정뇌 호흡이 정식 호흡법이 되지 못하는 것은 이 승리호흡에서 제시하는 호흡의 원리를 따르지 않았기 때문이다. 『게란다상히타』에서는 이 호흡의 효과를 이렇게 말한다.

> 이 승리 호흡은 요가행자가 모든 위업을 성공적으로 달성하게 하며, 감기, 기침, 결핵, 열병, 황달, 발진 등과 같은 호흡기나 소화기계의 질환을 없애주며, 늙음과 죽음도 없애준다.

[주의]

숨을 마시는 초기에는 배부터 불러져야 하고, 가득히 마시고 목 반다를 하면 가슴은 확장되고 배는 약간 들어간다. 숨을 내쉴 때는 가슴이 좁아지며, 아랫배에 숨을 조금 남겨두듯이 내쉬면 아랫배가 조금 나온다.

남자는 숨을 내쉬는 것에 중점을 둬서 임맥을 통해 하복부에 기를 쌓도록 한다. 반면에 여자는 숨을 마시는 것에 중점을 둬서 세 반다를 하면서 기를 독맥으로 끌어올려야 한다.

호흡 수련은 일정한 속도로 반복해야 하므로, 한 호흡을 지나치게 길게 해서는 안 된다. 자신의 기를 자유롭게 올리고 내릴 수 있을 때까지 숙달되어야 한다.

03

교호 호흡(nādīśodana, sahitakumbhaka)

[방법]

① 좌법의 하나로 앉는다.

② 엄지손가락은 오른쪽 코, 둘째와 셋째 손가락은 접고,
   넷째와 다섯째 손가락은 왼쪽 코를 막는 데 사용한다.

③ 오른쪽 코를 막고 왼쪽 코로 숨을 내쉰다.

④ 왼쪽 코로 숨을 마신 다음 두 코를 눌러서 막고 멈춘다.

⑤ 왼쪽 코를 막고 오른쪽 코로 숨을 내쉰다.

⑥ 오른쪽 코로 숨을 마신 다음 두 코를 막고 멈춘다.

⑦ 왼쪽 코로 숨을 내쉰다.
   이러한 일련의 과정을 쉽게 설명하면, 왼쪽 코로 내쉰다 →
   왼쪽 코로 마신다 → 양쪽 코를 막고 멈춘다 → 오른쪽 코
   로 내쉰다 → 오른쪽 코로 마신다 → 양쪽 코를 막고 멈춘
   다. 이러한 과정을 반복하는 호흡법이다.

⑧ 항문 반다를 하며 마시고, 목 반다를 하며 멈추고, 내쉬기
   직전에 복부 반다를 하며 기를 강하게 끌어올리고, 내쉬면
   서 아랫배에 내려놓듯이 모으는 방법은 승리 호흡과 같다.

⑨ 숨을 마시고 멈추고 내쉬는 비율은 1:4:2 정도가 되도록 한다.

[효과]

이 호흡법의 명칭은 두 가지다. 하나는 나디를 청소한다는 뜻의 나디 쇼다나nādīśodana이고, 다른 하나는 결합이라는 뜻의 사히타 쿰바카sahitakumbhaka다. 본래 나디 쇼다나[나디 청소법]라는 의미는 정뇌 호흡[카팔라바티 쇼다나]처럼, 호흡을 멈추거나 반다를 하지 않는다는 것이다. 그러나 경전에서뿐만이 아니라 주석서에서도 호흡을 멈추고 반다를 하라고 한다. 그래서 호흡법에 포함된다. 이 책에서는 코를 교대로 호흡한다는 의미로 교호호흡交互呼吸이라고 하였다.

이 호흡법은 한쪽 코로만 빠르게 숨이 드나들기 때문에, 코에서부터 기관지와 폐에 이르는 호흡기가 깨끗해진다. 또한 좌우의 콧구멍은 전신을 도는 나디, 즉 경맥과 연결되어있다. 그래서 이 호흡은 전신에 퍼져있는 나디를 깨끗이 한다. 이러한 점에서 이 호흡법을 나디 청소법이라고 한다.『하타요가프라디피카』에서도 이렇게 말한다.

나디에 오물이 차 있으면 기는 중앙의 수슘나 나디로 흐르지 않는다. 이런 경우에 어찌 무아의 상태에 이를 수 있으며, 요가의 목적을 성취할 수 있겠는가. 오물로 가득한 모든 나디와 차크라가 완전히 청소되었을 때, 비로소 요가행자는 기를 쌓을 수 있다. 그러므로 중앙의 수슘나 나디 속에 있는 오물이 깨끗이 없어질 때까지 청정한 마음으로 이 호흡을 수련해야 한다. ……

양쪽 코를 교대로 하는 호흡을 계속하면, 수행자의 모든 나디는 3개월 내에 깨끗하게 될 것이다. 초급 단계에서는 땀이 나고, 중급 단계에서는 떨림이 있고, 상급 단계에서는 기가 정수리에 이른다. 그러므로 기를 억제하는 수행을 해야 한다. ……

나디가 청소되었을 때 외부로 나타나는 증상이 있다. 몸이 날렵하고 혈색이 좋아지는 등의 분명한 변화다. 나디가 청소되었기 때문에, 숨을 마음대로 멈출 수 있고, 뱃속의 불이 더욱 증대되고, 나다라는 내면의 소리가 확실히 들리고, 모든 질병이 사라진다.

『쉬바상히타』에서는 다른 호흡법은 없고 오직 이 호흡법만을 소개하고 있다. 그러면서 이 호흡법에 의해서 나디가 청정해지면, 요가행자의 육체에는 균형 잡힌 몸매, 향기로운 체취, 아름답고 사랑스러운 자태, 왕성한 식욕, 강한 소화력, 상쾌한 기분, 아름다운 팔다리, 큰 용기, 과감한 기상, 강한 힘 등과 같은 징표가 나타난다고 한다.

하타 요가 생리학에서 좌우의 콧구멍은 그 기능이 다르다. 왼쪽 코는 이다 나디로 음에 해당되고, 여성적인 달로 상징되며, 습하고 차가운 성질이다. 반면에 오른쪽 코는 핑갈라 나디로 양에 해당되고, 남성적인 태양으로 상징되며, 건조하고 뜨거운 성질이다.

이 호흡법은 이다와 핑갈라의 두 기능이 서로 조화롭게 작용하고 평형을 이루게 한다. 그래서 균형을 이루기 위해 하나로 결합시킨다는 의미에서 결합[sahita] 호흡이라고도 한다. 『게란다상히타』에서는 이 호흡법을 결합 호흡이라고 하면서 다음과 같은 효과를 말한다.

이 호흡법에 의해 공중부양 능력이 생기고, 모든 병을 고치며, 쿤달리니가 각성되고, 마논마니라는 삼매가 생기고, 마음속에 환희가 일어난다. 이 호흡법을 수행하는 자는 성스러운 축복을 누릴 수 있다.

[주의]

감기가 들었거나 질병이 있을 경우에는 대부분 좌우 콧구멍의 균형이 깨져있다. 이는 생리적 불균형을 의미한다. 이 호흡을 통해서 심신의 불균형을 바로 잡으면, 대부분의 질병도 잘 치유된다. 그러나 조심해야 할 것은 막힌 콧구멍으로 무리하게 호흡을 해서는 안 된다.

04

풀무 호흡(bhastrika kumbhaka)

[방법]

① 좌법의 하나로 앉는다.

② 정뇌호흡을 하다가 힘이 들 때, 온몸 가득히 채우듯이 숨을 마신다.

③ 숨을 마신 다음에 가슴의 프라나와 아랫배의 아파나를 배꼽에서 결합시킨다.

④ 긴장을 풀면서 숨을 내쉰다.

⑤ 항문 반다를 하며 마시고, 목 반다를 하며 멈추고, 내쉬기 직전에 복부 반다를 하며 기를 강하게 끌어올리고, 내쉬면서 아랫배에 내려놓듯이 모으는 방법은 승리 호흡과 같다.

⑥ 숨을 마시고 멈추고 내쉬는 비율은 1:4:2 정도가 되도록 한다.

⑦ 익숙해지면 숨을 멈추고 있는 동안에 세 가지 반다를 하여 기를 임맥을 통해 하복부로 내리고, 독맥을 통해 머리로 올리기를 반복한다.

[효과]

바스트리카bhastrika는 대장간에서 바람을 불어넣는 풀무처럼 이라는 뜻이다. 그래서 이 호흡법은 대장간의 풀무질처럼 한다는 것이다.

실제로 이 호흡법은 빠르고 거칠게 정뇌 호흡을 하다가 갑자기 숨을 마시고 멈추는 과격한 호흡법이다. 그에 따라 기도 빠르고 강하게 돈다. 그래서 이 호흡보다 강렬하게 기를 돌리는 호흡법은 없다. 또한 이 호흡법보다 막힌 기를 강력하게 뚫는 수행법도 없다. 기가 바르게 돌고 막힌 것이 뚫어지면, 모든 질병은 사라진다. 그래서 이 호흡법은 모든 질병을 치료하는 최고의 방법이다. 『게란다상히타』에서는 '현명한 자는 이 풀무 호흡을 3번만 해도 모든 고통과 질병에서 벗어나고 매일 건강하고 원기 왕성하게 살 것이다.'라고 한다. 이 호흡에 대해 『하타 요가프라디피카』에서는 이렇게 말한다.

이 호흡법은 풍과 담즙과 점액의 이상으로 생긴 질병을 없애고, 체내의 불을 증가시킨다. 이 호흡법은 빠르게 쿤달리니를 각성시키고, 나디를 청소하고, 쾌감을 주고, 몸에 이로움을 준다. 또한 수슘나 나디의 입구를 막고 있는 점액질 등의 장애물을 제거한다. 풀무라는 이 호흡법은 수슘나 나디 속에 생긴 완고한 세 개의 결절을 파괴하기 때문에 특히 많이 해야 한다.

여기서 풍과 담즙과 점액의 이상이란 체질의 부조화를 말한다. 이 호흡법은 모든 체질에 효과가 있다는 것이다. 결절(grānthi)은 수슘나 나디를 막아서 쿤달리니가 정수리에 이르는 것을 방해하는 장애물을 말한다.

[주의]

빠르게 마시고 내쉬는 정뇌호흡을 몇 번 하는가는 경전마다 다르다. 『게란다상히타』에서는 20번, 『하타요가프라디피카』의 주석에서는 100번으로 되어있다. 그러나 이 횟수보다는 각자의 능력에 따르는 것이 합당하다. 일반적으로 자신이 약간 피로할 때까지 하다가 최대한 마시고 멈추면 된다.

모든 호흡법 중에서 가장 많이 해야 하는 호흡법이다. 매우 강렬하게 기를 돌리고 뚫기 때문에 몸이 떨리고, 진동을 하고, 심한 경우에는 쓰러지거나 기절하는 경우도 있다. 무리하게 해서는 안 된다.

05

완전 호흡(kevala kumbhaka)

[방법]

① 좌법의 하나로 앉는다.

② 온몸 가득히 채우듯이 숨을 마신다.

③ 숨을 마신 상태에서 배 또는 이마에 의식을 두고 참는다.

④ 긴장을 풀면서 조용히 숨을 내쉰다.

⑤ 경전에 따르면 이 호흡법의 구체적인 방법은 없다. 오직 숨
   을 마시고 오래 멈추려고 해야 한다. 매일매일 열심히 하여
   멈추는 시간을 조금씩 늘려나가야 한다.

[효과]

케발라kevala는 완전 또는 단독單獨 등의 뜻이 있다. 그래서 이
호흡법은 최고의 호흡법이라는 의미다.

『하타요가프라디피카』의 주석에 따르면, 하타 요가의 호흡법
은 숨을 마시고 멈추는 호흡법이다. 이것은 다시 불완전(sahita)
멈춤과 완전(kevala) 멈춤의 호흡법으로 분류된다. 불안전하게 멈
춘다는 것은 다른 것과 결부된 멈춤이라는 의미다. 즉 내쉬고 마
시는 숨과 결부된 의도적인 호흡법을 의미한다. 반면에 완전하

게 멈춘다는 것은 독립된 멈춤이라는 의미다. 즉 의도적으로 마시고 내쉬는 숨이 없이 멈춤만이 있는 상태의 호흡법이다.

이 완전호흡은 중국 도가의 태식법胎息法과 거의 동일하다. 『포박자抱朴子』에 따르면, 코로 숨을 깊이 마신채로 멈추고, 마음 속으로 120까지 세고 천천히 내쉬어야 한다. 이때 내쉬는 숨보다는 마시는 숨이 많아야 하고, 코에 가벼운 깃털을 대도 움직이지 않게 조용히 숨을 내쉬어야 한다. 멈추는 시간을 조금씩 늘려서 1,000에 이르게 되면, 노인도 하루하루 젊어진다고 한다. 『하타 요가프라디피카』에서는 이 호흡법에 대해 다음과 같이 말한다.

완전 호흡에 성공할 때까지는 의식적으로 불안전 호흡을 연습해야 한다. 마시고 내쉬는 숨으로부터 자유롭게 기를 유지하는 호흡법이 바로 완전 호흡이다. 마시고 내쉬는 숨이 없는 완전 호흡에 성공했을 때, 삼계에서 얻지 못할 것은 하나도 없다. 완전 호흡으로 기를 자유롭게 유지할 수 있는 사람은 라자 요가의 경지에 도달한다. 이것은 의심할 여지가 없다. 멈추는 호흡에 의해서 쿤달리니가 각성된다. 쿤달리니 각성에 의해 수슘나 나디에 장애가 없어지고, 하타 요가가 완성된다.

여기서 라자 요가는 요가의 종류에서 말하는 명상 중심의 요가를 말하는 것이 아니라, 하타 요가의 최고경지를 말한다. 『게란다상히타』에서는 이 완전 호흡에 대해서 다음과 같이 말한다.

기가 내부에 있는 한 죽지 않는다. 완전 호흡으로 모든 기를 육체 내부에 묶어둘 수 있다. 생명체는 살아있는 한 끊임없이 무의식적으로 무수한 호흡을 하고 있다. 그러나 이 숫자가 완전 호흡에 의해 통제되면 한정된 수명은 바뀐다. 그러므로 인간은 완전 호흡을 수련해야 한다. 완전 호흡은 생명에 할당된 호흡 숫자를 두 배로 늘리고 마논마니라는 삼매에도 들게 한다. ……
완전 호흡을 완전히 성취할 때까지 호흡의 길이를 날마다 늘려서 5배에 이르게 하라. 오직 이때만이 요가행자는 호흡법과 완전 호흡법을 바르게 알게 될 것이다. 자, 보라. 완전 호흡법에 통달했을 때, 이 지상에서 성취할 수 없는 것이 과연 무엇인지를.

인도나 중국 의학에서는 인간이 평생 동안 할 수 있는 호흡의 숫자가 한정되어 있다고 한다. 즉 각 개인에게 할당된 호흡의 숫자가 채워지면 생명을 마치게 된다는 것이다. 따라서 완전 호흡으로 기를 몸 안에 묶어두고, 호흡의 수를 통제하면 한정된 수명을 연장할 수 있다는 것이다.

이상에서 본 바처럼 이 호흡법은 오랜 호흡 수련을 통해서 얻어진 하타 요가의 최고의 경지를 이르는 말이다. 이 경지를 굳이 표현하면, 생리적으로는 더 이상의 산소와 이산화탄소의 교환작용이 필요없는 상태이고, 심리적으로는 어떠한 외부 대상에 의해서도 마음이 움직이지 않는 상태다.

[주의]

이 완전 호흡의 경지에 이르기 위해서는 하타 요가의 계율이나 바른 식생활은 물론이고, 모든 하타 요가 수행법을 열심히 해야 한다. 그렇게 하고 나서 이 완전 호흡을 조금씩 늘려가야 한다.

명상법

명상법

1. 하타 요가 명상

명상瞑想은 심리학적인 이론을 바탕으로 하는 라자 요가의 핵심 수행법이다. 반면에 체위법이나 호흡법 등은 생리학적인 이론을 바탕으로 하는 하타 요가의 핵심 수행법이다. 따라서 명상은 하타 요가에 포함되지 않는 수행법이다. 그럼에도 모든 하타 요가 경전에는 항상 명상법이 포함되어 있다. 이는 진정한 건강은 단순히 육체에만 의존하는 것이 아니기 때문이다.

하타 요가가 비록 육체의 건강을 강조하기는 하나, 정신 건강 또한 중요시한다. 육체와 정신은 한 생명체의 양면으로 서로 의

통칙通則 스님의 판화

존하고 있기 때문이다. 그래서 『하타요가프라디피카』에서도 '하타 요가 없이 라자 요가에 성공할 수 없고, 라자 요가 없이 하타 요가도 성공할 수 없다. 그러므로 성취할 때까지 이 두 수행을 바르게 해야 한다.'고 하였다.

그런데 하타 요가에서 말하는 라자 요가, 즉 명상법은 일반적인 라자 요가 명상법과 다르다. 하타 요가의 수행체계는 체위법, 호흡법, 무드라, 명상법이다. 이 체계에 따르면 무드라 수련으로 쿤달리니가 각성되어야 한다. 하타 요가는 쿤달리니 각성을 최우선으로 하기 때문이다. 쿤달리니가 각성되면, 일반 명상의 집중대상과 다르다. 이때의 집중 대상은 주로 쿤달리니가 오르는 뇌척수이거나, 이마나 코끝과 같은 머리 부분이다.

그러나 누구나 무드라 수련을 하여 쿤달리니를 각성시킬 수 있는 것은 아니다. 이 책에서 제시하는 바처럼, 체위법과 호흡법을 중심으로 수련할 수도 있다. 이러할 경우에는 집중 대상이 호흡이거나, 배꼽이나 아랫배와 같은 복부다. 쿤달리니가 각성되기 이전의 하타 요가 단계에서는 우선 진기를 생성해야 하고, 그 다음에 기를 돌려서 심신의 안정을 찾아야 한다. 이러한 목적을 가지고 명상을 할 경우에는 호흡 수련에 이어서 호흡과 기에 집중하는 것이 효과적이다.

왜냐하면 하타 요가 생리학으로 보면, 기가 생명의 근원일 뿐만이 아니라 마음 또한 기에 의존해 있기 때문이다. 『하타요가프라디피카』에서는 이 점에 대해 다음과 같이 말한다.

기가 움직이면 마음도 움직인다. 기가 움직이지 않으면 마음도 움직이지 않는다. 요가 수행자는 부동심에 도달해야 한다. 그러기 위해서는 기의 움직임을 억제해야 한다. 기가 몸에 머무는 동안을 삶이라 하고, 기가 몸을 떠난 것을 죽음이라 한다. 그러므로 기의 움직임을 통제해야 한다.

따라서 하타 요가 명상법은 호흡과 명상으로 기를 통제함으로써 마음을 통제하는 것이다. 이러한 원리에 따른 명상법이 다음에 제시하는 수식관이다.

이와 유사한 명상법은 요가학파의 소의경전인 『요가수트라』의 호흡법에 언급되었다. 불교에서는 아나파나사티[入出息念] 등의 수행법이 이와 유사하다. 그러나 여기에 제시하는 하타 요가의 명상법은 이것들과 근본적으로 다른 점이 있다. 하타 요가는 마음으로 기를 조절하는 것이다.

대부분의 명상법은 어느 대상에 집중하거나, 일어나는 현상을 알아차리는 방법이다. 이때에는 자신의 의지나 감정이 개입되어서는 안 된다. 그러나 하타 요가의 명상법은 기를 의도적으로 조절한다. 이 점에서는 하타 요가 명상법은 중국의 내단수련內丹修鍊과 유사하다.

2. 수식관 명상

하타 요가 수련은 체위법을 먼저 하고 다음에 호흡법을 한다. 이 호흡법에 이어서 다음의 명상을 하면 더욱 좋다. 여기에 제시하는 명상법은 세 단계로 이루어졌다. 반드시 그 순서에 따라야 한다.

[방법]

① 편안한 좌법으로 앉는다.

② 자연스럽게 호흡한다.

③ 숨이 들어왔다가 나갈 때, 숫자를 센다.

④ 숨이 나갈 때, 기가 가슴에서 아랫배로 내려간다고
생각한다.

[주의]

이렇게 호흡 숫자를 세는 명상법을 보통 수식관數息觀이라 한다.

명상할 때의 좌법은 앞에서 제시한 좌법 중에 자신이 편하게 할 수 있는 것이면 좋다. 그러나 어느 좌법이든 한 시간 이상 편안히 앉아있을 수 있어야 한다. 명상할 때의 호흡은 자연스러워야 한다. 일부러 크게 마시거나, 멈추거나, 길게 내쉬려고 해서는 안 된다.

호흡 숫자를 세는 방법으로는 숨이 들어올 때만 세는 방법, 나갈 때만 세는 방법, 들어오고 나가는 것을 하나로 하여 세는 방법, 들어오고 나가는 것을 둘로 하여 세는 방법 등이 있다. 이 중에서 상기가 잘되는 우리 민족에게 적합한 것은 숨이 나갈 때에 숫자를 세는 방법이다. 이 방법은 심신을 가장 빠르게 안정시킨다. 즉 숨이 들어왔다가 나갈 때 하나라고 마음속으로 세는 것이다. 그리고 다시 숨이 들어왔다가 나갈 때 둘이라고 마음속으로 센다. 이렇게 숫자를 세는데, 반드시 10까지만 센다. 그리고 다시 하나에서부터 숫자 세기를 반복한다.

이 첫 번째 단계는 심신을 안정시키는 단계다. 방법은 숨이 나갈 때 숫자를 세면서 마음으로는 기가 가슴에서 아랫배로 내려간다고 생각한다. 가슴의 전중혈에서 윗배 아랫배 배꼽을 거쳐 관원혈에 멈춰야 한다. 전중혈은 두 젖꼭지를 연결했을 때의 그 가운데이며, 관원혈은 아랫배 한 가운데보다 약간 아래에 있다.

이 호흡 숫자 세기 명상은 바로 심신이 안정되는 효과가 있다. 대부분은 몇 분 만에 망상이 사라지고, 심신의 피로도 풀린다. 몹시 피곤한 사람은 잠이 오기도 하는데, 이때는 앉은 상태에서 잠시 조는 것도 좋다. 깨어나면 다시 하나에서부터 숫자를 센다. 이 명상이 잘되면, 아랫배가 나오는 듯도 하고, 따듯한 기운을 느끼고, 호흡의 숫자보다는 몸 안의 기의 움직임이 느껴질 때는 다음 단계의 명상을 한다.

두 번째 단계는 진기를 생성하는 명상법이다. 가슴에 있는 프라나와 아랫배에 있는 아파나를 결합하여 뱃속의 불을 일으키는 단계다. 이 방법은 앞의 수식관에서 이어서 한다. 호흡 숫자를 세지 않고, 숨이 들어올 때 하복부의 기가 항문에서 등 뒤로 올라간다고 생각하고, 숨이 나갈 때 가슴의 기가 아랫배로 내려간다고 생각한다. 등 뒤로 올릴 때는 심장 뒤까지만 올리고, 내릴 때는 관원혈까지만 내린다.

이러한 명상을 계속하면, 아랫배가 뜨거워지고, 아랫배에 힘이 들어가고 약간 나온 듯하며, 때로는 성욕이 강하게 일어나기도 한다. 이때에는 다음 단계의 명상을 한다.

이 세 번째 단계는 마음으로 기를 돌리는 것이다. 방법은 숨이 들어올 때 마음은 독맥을 따라 항문에서부터 허리→ 등 뒤→ 목 뒤로 올려 머릿속을 거쳐 앞이마 미간에 멈춘다. 숨이 나갈 때 긴장을 풀며 마음은 임맥을 따라 아랫입술에서부터 목→ 가슴→ 윗배를 거쳐 아랫배 관원에 멈춘다.

이렇게 임독맥으로 기가 돌아야 비로소 심신이 바르게 된다.

이때에는 모든 질병으로부터 벗어나고, 완전히 건강해진다. 몸뿐만이 아니라 마음도 건강해져서 대부분 분노나 불안과 같은 심리상태에서 벗어나며, 때로는 높은 차원의 인식능력인 지혜를 얻기도 한다. 이러한 상태들이 쿤달리니 각성 이전의 하타 요가로 도달할 수 있는 경지 중의 하나다.

하타요가 (개정판)

2003년 5월 23일 1쇄 발행
2024년 12월 20일 2판 7쇄 발행

편역이   이태영
그 림   이영일
펴낸이   정창진
펴낸곳   도서출판 여래
출판등록   제2012-000003호.
주소   서울시 종로구 인사동11길 16, 403호.(관훈동)
전화번호   (02)871-0213 / 070-4084-0606
전송   0504-170-3297

ISBN   89-85102-35-4 03270
Email   yoerai@hanmail.net
blog   naver.com/yoerai

값은 뒤표지에 있습니다.

※ 저자와의 협의에 따라 인지를 생략합니다.
※ 잘못된 책은 구입하신 서점에서 바꿔드립니다.
※ 이 책의 저작권은 저자에게 있습니다. 서면에 의한 저자의 허락 없이
   내용의 일부를 인용하거나 발췌하는 것을 금합니다.